**넘어졌다면,
일어나라!**

UN WA TSUKURUMONO - WATASHI NO RIREKISHO

넘어졌다면, 일어나라!

청춘 멘토 니토리 회장의 뜨거운 응원

니토리 아키오 지음 · **유윤한** 옮김

서울문화사

니토리 홀딩스는 여러분 덕분에 2015년 2월 결산에서 28기 연속 증수증익을 달성했다. 사실 엔저, 소비세 인상, 일손 부족 등 니토리에겐 역풍만 불어 한동안 불안했다. 하지만 원료 조달에서 상품 개발에 이르기까지 모든 생산과정을 개선해 위기를 극복할 수 있었다.

니토리가 1972년에 세운 30년 계획은 '100개 지점·1000억 엔 매출'이었다. 이 계획은 목표보다 1년 늦은 2003년에 달성했다. 2013년에는 지점이 300개로 늘어났고, 현재는 '3,000개 지점·3조 엔 매출'이라는 다음 30년 계획을 향해 달려가고 있다.

사람들이 나에게 성공 비결을 물을 때가 있다. 한마디로 정리하자면, '꿈과 비전'을 내걸고, '다른 회사보다 적어도 5년은 앞서간다'는 정신으로 경영하는 것이다. 이렇게 대답하면 내가 아주 스마트한 경영자로 보일지도 모르겠다. 하지만 사실은 그 반대다. 나는 어린 시절 이해력이 심하게 떨어지는 열등생이었다. 그리고 20대 중반까지는 '꿈이나 이상'과는 거리가 먼 청년이었다. 몇 년 전 초등학교 때 담임을 맡으셨던 구마사카 요시코 선생님의 가족으로부터 편지를 받았다. 중요한 내용을 간추리면 다음과 같다.

저는 니토리 사장님의 초등학교 시절 담임을 맡으셨던 구마사카 선생의 손자입니다. 할머니는 자주 사장님에 대한 이야기를 들려주셨습니다. "학급에서 자기 이름을 한자로 쓸 줄 모르는 학생은 니토리뿐이었고, 몇 번이나 가르쳐 줘도 외우질 못해 결국 히라가나로 썼다"고 하셨습니다. 그리고 "그런 니토리가 홋카이도의 유명한 기업가로 성장했다니 도대체 어찌 된 일인지 사연을 듣고 싶다"고도 하셨습니다.

구마사카 선생님은 지점을 통해 몇 번이나 내게 연락하려 하셨지만, 우리 쪽의 불찰로 연결되지 못했다. 그리고 안타깝게도 몇 년 전에 세상을 뜨셨다. 내 이름을 한자로 쓰지 못했던 사실은 어느새 까맣게 잊었지만, 공부를 아주 못했던 것은 사실이다. 선생님의 연락처를 좀 더 빨리 알았다면 만나 뵈었을 텐데, 그저 죄송할 따름이다. 대신 손자를 직접 만나 인사를 했다.

자기 이름조차 못 쓰는 열등생이었던 내가 어떻게 성공할 수 있었을까? 지금부터는 내 인생 이력서를 통해 구마사카 선생님의 질문에 답해 보고 싶다. 지금도 나는 애주가에다 놀기 좋아하는 사람이다. 야무지지 못하고 칠칠치 못한 성격도 변함없다. 어쩌면 무엇 하나 잘하는 것이 없기 때문에 다른 사람들의 힘을 빌려 성공할 수 있었던 것 같다. 그래서 가끔 아내로부터 "당신은 사람들이 보통 할 수 있는 것은 못하

넘어졌다면, 일어나라!

지만, 사람들이 하지 않는 일은 해내는군요"라고 놀림을 받기도 한다.

　니토리 1호점을 개업한 1967년. 당시 나는 낯선 사람 앞에만 가면 얼굴이 붉어지고 말을 더듬어서 고객을 상대할 수 없었다. 다행히 갓 시집온 아내 모모요가 판매에 능했기 때문에 나는 물건을 사들이고 유통하는 데 전념할 수 있었다. 만일 내가 판매에 능했다면, 니토리 가구는 장사 잘되는 가게 정도로 그쳤을지도 모른다. 하지만 '단점은 오히려 기뻐하고, 장점이 없다면 슬퍼하라'가 내 신조였기 때문에 고객 접대에 미숙하다는 단점에 연연하지 않고, 물품 조달이나 유통에 능한 장점을 살려서 사업에 성공할 수 있었다.

　그보다 더 중요한 것은 인생의 스승인 아쓰미 이치 선생님을 만난 일이었다. 아쓰미 선생님은 체인 스토어 이론을 일본에 널리 알리는 데 많은 기여를 하신 분이다. 나는 선생님의 가르침이 '인생을 걸 만큼 가치 있는 것'이라고 생각했기 때문에, 경영 현장에서 그 가르침을 충실히 따랐다.

나는 별로 똑똑하지 못했기 때문에 오히려 리스크를 일일이 따지지 않고 마음먹은 것을 쭉 밀고 나갈 수 있었다. 어린 시절과 사춘기에는 집단 따돌림도 당했지만, 쉽게 잊어버리는 성격 때문에 극복할 수 있었다. 이런 성격이 사업을 하는 데에는 오히려 도움이 되었는지도 모르겠다.

칠전팔기의 인생을 살아오면서 지금 생각하면 믿기 어려울 정도로 '나쁜 짓'도 저질렀다. 보통 사람들 수준도 안되는 문제아가 젊고 미숙한 혈기를 감당하지 못해 저지른 일이라고 너그럽게 이해해 주셨으면 한다.

그동안 닛케이 신문에 연재했던 글을 책으로 묶으면서 제목을 '행운은 만드는 것이다(원서 제목임)'로 정했다. 사람들은 사업에서 실패하거나 하는 일이 제대로 풀리지 않으면, '나는 운이 나쁘다'고 생각한다. 확실히 운은 중요하다. 나 자신도 지금까지 니토리를 키운 것은 80퍼센트가 행운이라고 생각한다. 하지만 그런 행운은 어느 날 갑자기 우연히 찾아오지 않는다.

행운이란 그때까지 쌓아 온 인간관계, 실패와 좌절, 리스크를 무릅쓴 과감한 도전 등을 통해 만들어 가는 것이다. 또 오랫동안 진지하게 맵고 쓴 경험을 견디어 낸 끝에야 맛볼 수 있는 달콤한 열매이기도 하다.

신문에 연재했던 원고를 다듬으면서 미처 다하지 못했거나 나중에 생각난 이야기들을 많이 추가했다. 독자 여러분들에게 용기와 희망을 주는 책이 된다면 그보다 더 기쁜 일도 없을 것이다.

니토리 아키오

차례

넘어졌다면, 일어나라!

제3장 · 되는 일이 없던 시절

제4장 · 모두에게 풍요로운 생활을

제5장 · 스승의 가르침을 지표로

제6장 · 시련에는 끝이 없다

제7장 · 꿈과 비전, 애교와 배짱

제 1 장

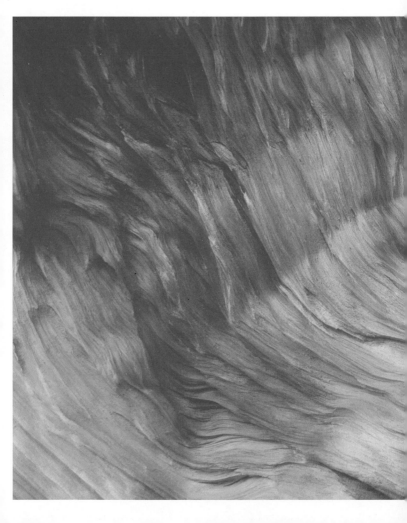

공부를 싫어하는 열등생

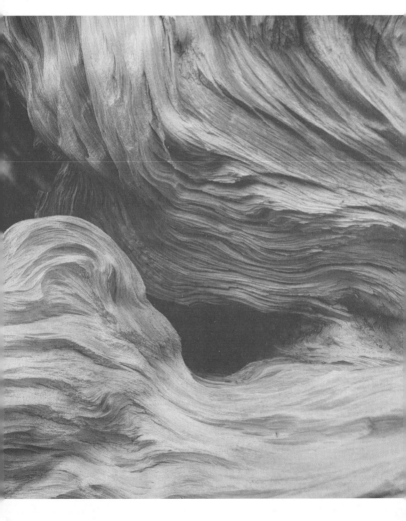

사할린에서
태어난 아이

나는 1944년에 사할린에서 태어났다. 아버지 니토리 요시오의 선조는 남부지역 번에서 지체 높은 벼슬을 지냈다고 한다. 하지만 보신전쟁에서 지는 바람에 이와테 현에서 홋카이도(현재 이시카리 시)로 쫓겨 와 개척민이 되었다. 나는 그 4대손이다.

'니토리'라는 성은 지금도 남아 있는 '니타도리'라는 지명에서 유래한 것이다. 본가는 '니타도리'라는 성을 그대로 쓰며 삿포로 지방에 정착했지만, 아버지 집안은 따로 분가해 '니토리'라는 성을 쓰게 되었다.

내가 보기엔 '니타도리' 집안이 '니토리' 집안보다 머리가 좋다. 왜냐하면 니토리 집안 사람들은 그다지 공부를 잘하지 못한다. 하지만 니타도리 집안은 좀 다르다. 7~8년 전에 우연히 교린 대학 의학부의 '니타도리' 교수를 알게 되었다. 그후 우리는 친분을 쌓아 왔고, 얼마 전 아드님 결혼에도 초청받았다. 결혼식장에선 '같은 조상의 후손이니 친척이나 마찬가지'라면서 가족석에 앉았다. 거기서 보니 니타도리 교수 집안은 전형적인 학자 가문이었다.

우리 할아버지는 학문이나 농사를 멀리했고 장사에 관심이 많았다. 말을 사고파는 일을 생업으로 하셨는데, 번 돈은 술값으로 다 써 버리는 주당이었다. 아버지가 "어렸을 때 자주 집 앞 가게에 술심부름을 가곤 했어. 그때마다 몇 킬로그램이나 되는 술을 낑낑대며 들고 왔지"라고 말했던 것을 기억한다.

열 명의 형제 중 넷째였던 아버지는 1935년에 사할린으로 이주했다. 당시 아버지는 자기 땅이 한 평도 없는 상태였다. 그리고 그곳에서 어머니 미츠코를 만나 결혼하고 농사를 지었다. 1941년에 태평양전쟁이 일어나자 아버지는 참전했고, 전쟁에서 패한 뒤에는 시베리아에 억류되었다. 풀을 뜯어 먹고 쥐를 잡아먹으며 겨우겨우 살아남았고 한다.

태평양전쟁 후 사할린 땅은 소련으로 넘어갔고, 아버지는 아직 돌아오지 못하고 있었다. 우리 가족에겐 큰 어려움이 닥쳤다. 소련군이 수시로 찾아와 괴롭혔지만, 어머니는 조금도 기죽지 않는 당찬 여성이었다. 어머니는 키가 160센티미터로 당시 보통 여자들에 비해 큰 편이었고, 체격도 다부졌다.

어머니는 강가에 나가 건축용 모래를 퍼 나르는 일을 했다. 일을 할 때도 동료 남자들에게 지지 않는 호걸이었다. 너무 어렸을 적이라 사할린에서 겪은 일을 거의 기억하지 못한다. 하지만 난로에 구워 먹었던 연어알젓이나 연어의 고소한 냄새와 맛은 수십 년이 지난 지금까지도 결코 잊을 수 없다. 아마 배가 너무 고팠던 시절이었기 때문에 더더욱 맛있

넘어졌다면, 일어나라!

었을 것이다. 또 물을 길으러 가면 우물 속에 뱀이 똬리를 틀고 앉아 있던 것도 지금까지 선명하게 기억난다. 참으로 척박한 환경에서 보낸 어린 시절이었다.

1946년, 어머니는 배를 타고 일본으로 돌아가기로 결정했다. 하지만 귀국선 3척이 연달아 루모이곶에서 침몰하는 사건이 일어났다. '역시 여기서 계속 살아야 하나 보다'고 포기하려는데, 마지막 귀국선이 하코다테를 거쳐 일본으로 돌아갈 것이라는 소식이 어머니 귀에 들어왔다. 그런 경로라면 소련군이 쫓아올 것 같지는 않았다. 그렇다고 살아서 귀국하게 될지 어떨지는 반반이었다. 이듬해 배가 침몰할지도 모른다는 불안감이 여전한 가운데 우리 식구는 드디어 귀국길에 올랐다.

암거래 쌀로
버티다

우리는 아무도 물에 빠지지 않고 하코다테에 무사히 도착했다. 하지만 삿포로까지 갈 여비가 없었다. 어머니는 주변 농가의 일을 도와주면서 여비를 벌었다. 고생 끝에 간신히 삿포로까지 왔지만, 이번엔 집을 구할 돈이 없었다. 어쩔 수 없이 삿포로에 사는 외갓집에 얹혀살게 되었다.

외갓집은 귀국자들을 위해 지은 간이 주택이 모인 곳에 있었다. 그 안에는 8~10가구가 살았는데, 건물 모양이 비슷해서 어두운 밤에는 자기 집을 찾기가 힘들었다. 허술하게 지은 집이라 복도에는 흙바닥이 그대로 드러나 있었다. 비가 샐 때에는 양동이를 대어 빗물을 받았는데, 한두 개로는 어림도 없었다. 세숫대야까지 모두 동원해 받쳐 놓고 비가 그치기만을 애타게 기다려야 했다.

겨울에는 눈이 부엌까지 들이치며 쌓였고, 뼈에 사무칠 정도로 추웠다. 우리 식구들은 방 하나에 부엌이 딸린 작은 집에서 외할머니, 외삼촌 식구들과 함께 밤마다 새우잠을 자야 했다. 몇 년 후 아버지가 시베리아에서 돌아온 후에야 그 집에서 나와 근처에 있는 다른 귀국자 주택으로 들어가게 되었다. 이삿짐은 속옷 몇 벌, 그릇, 수저가 전부였다.

아버지는 곧 목수 일에 뛰어들었다. 경험도 없이 40대 후반에 견습 생활부터 시작했다. 손재주가 좋았기 때문에 금방 서랍장이나 찬장을 만들 정도가 되었다. 나는 가끔 아버지가 일하는 현장에 도시락을 가져가곤 했다. 어느 정도 자리가 잡히자 아버지는 조그만 회사를 세웠다. 콘크리트 제품을 만들고, 주택 기초공사를 하는 토목 회사였다.

어머니도 가만히 있지는 않았다. 한 푼이라도 더 벌기 위해 암거래 쌀장사를 시작했다(패전 후 일본은 식량난이 심각했다. 배급되는 쌀이 끊기면 암거래 쌀로 주린 배를 채워야 했다 – 옮긴이). 큰길에는 허가 받은 쌀가게도 있고, 파출소도 있었는데, 어머니는 태연한 얼굴로 그 앞을 지나다니며 암거래 쌀을 팔았다. 혹시 신고를 받은 경찰이 어머니를 호출하면, 꼭 나를 데리고 파출소에 갔다. 그리고 경찰이 "암거래 쌀장사가 불법인 거 아시죠?" 하고 으름장을 놓으면, 나를 가리키며 "어린 자식을 굶기지 않으려면 어쩔 수가 없었어요." 하면서 대성통곡을 했다.

"그래도 암거래는 안 됩니다"라고 경찰이 단호하게 말하면, 이번에는 어머니가 태도를 바꾸며 정색을 했다. 화난 얼굴로, "당신들도 암거래 쌀을 사 먹지 않나요? 내가 다 봤어요"라고 쏘아붙였다. 갑자기 공격을 받은 경찰은 당황스러움을 감추려 쓸쓸히 웃으며 얼버무렸다.

"뭐 그렇긴 해도 일단 신고가 들어오면 조사를 해야 되는 게 우리 입장이라서……."

조사를 받고 와서도 어머니는 전혀 기죽지 않았다. 심지어 삿포로 시내 홋카이도 대학의 직원과 교수 가족들이 사는 '대학촌'까지 단골 거래처로 만들어 버렸다. 그곳에도 당연히 쌀가게가 있었다. 누군가 어머니를 밀고했고, 경찰은 다시 어머니를 불러들였다. 어느새 파출소에 드나드는 것은 어머니의 일상이 되었다.

암거래용 쌀을 구하려면 농가에서 벼를 베기 전에 미리 계약을 해 두어야 했다. 아버지는 자주 마차나 말이 끄는 썰매를 타고 2시간 정도 걸리는 농가를 찾아갔고, 그때마다 나를 데려갔다. 논을 한 바퀴 돌며 아직 익지 않은 푸른 벼를 따서 씹어 먹어 본 뒤, 아버지는 그해 수확량을 예상했다. 나도 아버지처럼 푸른 벼를 따 먹어 보았지만, 씁쓸하기만 해서 얼른 뱉어 버렸다.

아버지는 농협보다 약간 비싼 가격으로 농가에서 직접 벼를 사들였다. 그리고 이익을 조금만 남기고 일반 쌀보다 5~10퍼센트 싸게 팔았다. 게다가 고객이 원할 때 언제든 원하는 만큼만 도정해서 배달해 주었다. 말하자면, 필요한 때

에 필요한 양만큼 만들어 내는 '저스트인타임 just-in-time'방식
이었다. 도정하지 않은 쌀은 사촌이 하는 정미소에 저장해
두었다.

아버지는 목수 일을 하면서 암거래 쌀을 사들이고 유통시
키는 머천다이저였고, 판매를 담당한 사람은 어머니였다. 지
금 생각해 보니 니토리의 초기 경영 방식과 무척 비슷했다.

가혹한
유년기

내가 유년기를 보낸 1940년대는 가혹한 시절이었다. 당장 먹고사는 게 너무도 절박했던 때라 아이들을 소중히 여기는 사람은 거의 없었다. 나는 수도 없이 맞으며 자랐다. 부모님은 아무리 어린아이라도 실수하면 반드시 꾸짖었고, 항상 매질이 따랐다.

예를 들어 식구들이 모두 모여 밥을 먹을 때 "더 먹고 싶다"고 하면, 어머니는 내 얼굴에 된장국을 끼얹으며 등을 한 대 후려갈겼다. 쌀은 파는 물건이라 함부로 먹을 수 없는데, 밥을 더 먹고 싶어 했기 때문이다. 생선 한 마리로 온 가족이 나눠 먹는 분위기였고, 늘 배고팠다.

어머니에겐 매일 맞았고, 아버지에겐 한 달에 한 번 정도 허리띠로 거의 기절할 때까지 맞았다. 몸이 아프고 열이 나도 집안일은 계속 도와야 했다. 아프다고 하면 오히려 "아플 틈이 어디 있어? 정신 상태가 글러 먹었어"라며 주먹이 날아들었고, 머리엔 혹이 하나 늘었다. 어느새 나는 혼나는 게 두려워 아파도 꾹 참게 되었다. 매일 매를 맞았고, '이건 사랑의 매야'라는 생각 따위는 한 번도 해 본 적이 없었다. 그냥 되풀이되는 일상 중 하나일 뿐이었다.

아버지는 목수 견습 생활을 마친 후 독립했다. 그리고 콘크리트 제품을 만들어 파는 일을 시작했다. 과묵하고 성실하

넘어졌다면, 일어나라!

신 분이었는데, 마음이 약해 고객으로부터 불평을 들으면 늘 쩔쩔맸다. 장사도 잘하지 못했고, 당연히 돈도 별로 잘 벌지 못하셨다. 자연스레 어머니가 암거래 쌀을 팔아 번 돈으로 살림살이는 근근이 유지되었다. 집안에선 어머니의 말이 곧 법이었다.

하루 일과는 어머니의 끝이 없는 잔소리로 시작되었고, 참다 못한 아버지가 고함을 치면 곧 그릇이 날아다니는 부부 싸움으로 번졌다. 어머니와 아버지는 서로에게 욕설을 퍼부었고, 어느새 상이 뒤집어지고 카레라이스가 온 방으로 흩어졌다. 싸움에서 이기는 쪽은 늘 힘도 기도 모두 센 어머니였다.

부모님에게 혼나는 것은 나만이 아니었다. 동생들도 마찬가지였다. 여동생은 매를 맞다가 거의 벌거숭이에 가까운 모습으로 도망가 마을 구석에 숨어 있기도 했다. 그러다 보니 우리 부모님은 성격이 거칠기로 동네에서 유명해졌다. 가끔 아이들을 때릴 때면 이웃집 아주머니가 뛰어와 "아이고, 이러다 애 잡겠어" 하며 말릴 정도였다. 또 부부 싸움이 심할 때는 누가 신고를 했는지 경찰이 출동해 중재에 나섰다. 한마디로 요란하고 드센 집안이었다.

집안일을 돕는 것도 아이들이 하기엔 가혹한 일투성이였다. 예를 들어 아버지가 창고에 암거래 쌀을 가지러 갈 때면 나도 따라갔다. 배달을 시키면 되지만, 경비를 아끼기 위해 늘 아버지가 직접 나섰는데 겨울엔 아주 위험했다. 눈보라가 휘몰아쳐 앞이 보이지 않는데다가 말 썰매가 논두렁에 처박혀 꼼짝 못할 때도 있었다. 그럴 때면 아버지는 가까운 민가에 도움을 청하러 가면서 "여기 가만히 있어라. 함부로 움직이면 길을 잃고 조난당한다. 알았지?" 하고 엄하게 말했다.

'인간은 아무리 힘들어도 하루는 버틴다'는 말이 있기는 하다. 하지만 당시 나는 어린아이였고, 얇은 외투에 역시나 얇은 고무장화를 신고 있었다. 그런 차림으로 허허벌판에서 몇 시간 동안 서 있으면 너무 추운 나머지 그대로 얼어 죽을 것만 같았다. 손발이 꽁꽁 언 채 벌벌 떨면서 기다리다 보면 1분도 천만년처럼 느껴졌다.

하염없이 시간이 흐른 뒤 아버지가 사람을 데리고 나타났다. 나는 온몸이 얼어 거의 쓰러지기 직전이었다. 그냥 집안일을 돕는 것뿐인데 생사를 걸 만큼 혹독한 상황에 직면했다. 그런데 이런 경우가 한두 번이 아니었다. 지금도 그렇게 추운 날 쌀을 실어 오는 데 굳이 어린 나를 데리고 나선 아버지가 이해되지 않는다. 먹고사는 게 얼마나 고생스러운 일인지 알려 주고, 그런 고생스러움을 견뎌 낼 수 있는 생활력을 가르쳐 주고 싶으셨던 것일까?

암거래 쌀을 고객에게 배달할 때도 매번 끌려 나갔다. 어느 추운 겨울날이었다. 어머니가 쌀을 배달하는 동안 나는 현관 앞에서 몸을 벌벌 떨며 기다리고 있었다. 이윽고 배달을 마친 어머니와 함께 그 집 현관을 뒤로하고 출발한 직후에 등을 세차게 얻어맞았다.

　"이 녀석아. 손님 집 앞에선 얌전히 서서 방글방글 웃으라고 그랬지, 누가 그렇게 벌벌 떨고 있으라고 그랬냐? 그러면 손님이 얼마나 불쾌하겠어?"

　그 뒤로는 어머니가 배달하는 동안 확실하게 웃으면서 기다렸다. 마치 "저 참 귀엽지요?"라는 듯한 표정으로 말이다. 그러자 신기하게도 사과며 귤을 주는 손님들이 생겨나기 시작했다. 나는 그때 처음으로 사과를 먹어 보았다. 너무 맛있어 씨까지 아작아작 씹어 먹었던 기억이 지금도 선명하다. 언제든 집을 나서면 방글방글 웃는 습관은 이때부터 생긴 것이다.

　토끼나 병아리 같은 가축을 기르는 것도 내 몫이었다. 하지만 이것도 아주 쓰라린 기억으로 남아 있다. 식량이 모자라던 시절이었으니 내가 기르는 것은 무엇이든 모두 식용이었다. 가축에게 줄 먹이도 당연히 부족했다. 나는 거리의 쓰레기통을 뒤져 먹이를 대신할 잔반을 찾아내야 했다. 골목에는 나와 비슷한 처지의 아이들이 많아 경쟁이 심했다.

이렇게 어렵게 먹이를 구해 키우다 보면 하루가 다르게 쑥쑥 커가는 어린 짐승들에게 정이 들었다. 문제는 그 다음이었다. 다 자라서 닭이 된 병아리를 내 손으로 잡아야만 했다. 두 다리를 누른 뒤 목을 자르면 됐다. 짧은 순간에 끝나는 일이었지만, 어린 마음엔 큰 상처로 남았다. 다행히도 토끼를 잡는 일은 내게 무리라고 생각했는지 부모님이 직접 하셨다.

넘어졌다면, 일어나라!

공포의
자전거 배달

어린 시절에 대한 또 하나의 공포스러운 추억은 자전거 연습과 관련된 것이다. 부모님은 내가 초등학교 4학년 때 쌀 배달용 중고 자전거를 사주셨다. 그런데 내 키가 너무 작아 안장 위로 가랑이를 벌리고 서도 발끝이 땅에 닿질 않았다.

부모님은 내가 그 자전거를 타고 목표로 한 거리에 도달할 때까지 훈련을 시켰다. 간신히 페달을 밟으며 나아갈 수 있게는 되었지만, 목표 거리까지는 힘들었다. 부모님은 혹독하게 야단치며 온몸이 상처투성이가 될 때까지 연습하도록 다그쳤다. 《거인의 성(유년기부터 아버지에게 야구 영재교육을 받는 주인공이 나오는 일본 만화 – 옮긴이)》에 나오는 주인공과 비슷한 처지였다. 말 그대로 피나는 훈련 끝에 겨우 자전거를 탈 수 있게 되었다.

이번에는 쌀이 한 말 들어 있는 주머니를 뒤에 싣고 달리는 연습을 했다. 최대 4개까지 싣고 달려야 했다. 중간에 넘어지기라도 하면 엄청나게 혼났기 때문에 밤중에 몰래 나가서 혼자 연습하기도 했다. 자전거 타는 게 좋아서라기보다는 암거래 쌀을 배달할 수 있게 되어 혼나지 않는 게 목표였다.

겨우 자전거 배달을 할 수 있게 되었지만, 자세는 늘 불안했다. 어느 날은 쌀을 실은 자전거와 함께 넘어져 굴렀다. 급

넘어졌다면, 일어나라!

하게 땅바닥에 흩어진 쌀을 주워 집으로 돌아왔다. 그날 밥은 온통 모래투성이였다. 어머니는 심하게 야단친 후 마지막으로 이런 말을 했다.

"명심해라. 흰쌀은 파는 물건이지 먹는 게 아니다."

나는 어린 남동생과 여동생을 돌봐야 했기 때문에 놀 시간도 전혀 없었다. 부모님을 미워하는 마음이 점점 커졌지만, 반항도 할 수 없었다. 내가 유일하게 쉴 수 있는 시간은 잠잘 때뿐이었다. 그때만큼은 힘겨운 노동과 배고픔의 고통으로부터 도망칠 수 있었다.

암거래 쌀 배달과 가축 키우기 말고도 내 임무는 또 있었다. 시골에 계신 할머니가 가져온 머위와 고사리를 시장에 내다 파는 것이었다. '쌀은 2말 배달할 때마다 5엔, 채소는 한 바구니 팔 때마다 얼마' 하는 식으로 내가 하는 모든 일에 대해선 '성과급제'로 용돈을 받았다. 하지만 이 돈을 모아 놓은 통장은 어머니가 관리했다. 그리고 이 돈으로 내가 쓰는 책상과 의자, 문구용품 등을 샀다. 자기가 쓰는 것은 철저하게 자기가 벌어 써야 했다.

어린아이로서 가장 힘들었던 것은 거의 놀 수 없다는 사실이었다. 아버지가 시베리아에서 돌아오고 나서부터 6살 아래 여동생, 9살 아래 여동생, 11살 아래 남동생이 연달아 태어났다. 어머니가 쌀 배달을 하는 동안 내가 세 아이를 돌봐야 했다.

어느 날은 작은 여동생을 업고 구슬치기를 하다 보니, 큰 여동생이 어디론가 사라져 버렸다. 나는 여동생을 찾을 때까지 얼굴이 파랗게 질려 온 동네를 헤매고 다녀야만 했다.

어머니는 남에게 돈을 빌려주고 이자를 받는 일도 했는데, 한 달에 10퍼센트씩 이자를 받아 주겠다면서 내게도 저축한 돈을 투자하라고 하셨다. 대단한 이자는 아니라고 생각했지만, 어쨌든 돈이 불어나는 거니까 나도 해 보기로 했다. 그런데 얼마 후 돈을 빌린 사람이 야반도주하고 말았다.

지금 생각해 보니 당시 내가 살던 동네는 온갖 범죄자들이 모여 있는 빈민가였다. 강도, 매춘부, 아편 중독자들이 들끓었고, 신용 같은 건 모르고 사는 사람이 많았다. 어쨌든 어린 마음에 큰 충격이었던 그 일을 계기로 금융업에는 결코 종사하지 않겠다고 굳게 다짐했다.

왕따 당하는
아이

집에서도 매를 맞으며 죽도록 일만 하며 지냈는데, 학교생활도 괴롭기는 마찬가지였다. 나는 초등학교 시절 내내 왕따를 당했다. 아이들은 우리 집이 암거래 쌀가게라는 사실을 가지고 내 별명을 만들었다. 늘 이름 대신 '야미야(암거래 장사)'라 불렸다.

우리 집은 학급에서 손에 꼽힐 정도로 가난했다. 내 옷 대부분은 여기저기 기워 붙이고 꿰맨 누더기에 가까웠고, 대부분 오래 입기 위해 덩치보다 훨씬 컸다. 처음 옷을 사서 입고 가면 이불을 뒤집어쓰고 다니는 것 같았다. 초라하고 괴상한 차림새에 몸집도 작고 약해서 심술궂은 아이들이 괴롭히기에 딱 좋았다. 하루가 멀다 하고 화장실로 불려 가 힘센 아이들에게 얻어맞았다.

아이들은 여러 가지 방법으로 나를 괴롭혔다. 그 중 하나가 누덕누덕 기운 바지를 이용한 놀이였다. "넌 투수니까 도망가면 안 돼, 알았지?"하면서 엉덩이가 뒤로 향하게 나를 돌려 세웠다. 그리고 내 바지의 엉덩이 쪽 기워 붙인 부분을 향해 힘껏 공을 던진 뒤, 맞추면 "스트라이크!" 하고 신이 나서 소리쳤다.

공이 딱딱했기 때문에 무척 아팠다. 그래서 도망가면 쫓아와서 때리거나 더 괴롭혔다. 도망가는 것 빼고는 아무런 저

넘어졌다면, 일어나라!

항도 하지 않았기 때문에 등교할 때에도 아이들이 긴 대나무로 쿡쿡 찌르며 따라왔다.

나는 왕따를 당하면서도 히죽히죽 웃고 다녔다. 그래서 '히죽이'라는 새로운 별명을 얻었다. 이 별명은 당시 홋카이도 신문에 연재되던 4컷 만화 주인공 이름에서 따온 것이기도 했다.

초등학교 2학년인가 3학년 때에는 부모님에게 왕따를 당하고 있다는 이야기를 했다. 우리 집이 암거래 쌀장사를 하고, 누더기 같은 옷을 입고 다니기 때문에 놀림을 받는다고 하자 아버지는 오히려 나를 꾸짖으셨다.

"사내자식이 칠칠치 못하구나. 누더기 좀 입으면 어떠냐? 그리고 암거래 쌀장사도 직업이다. 도둑질하는 게 아니고 부지런히 일해서 먹고사는 거니까 당당하게 다녀도 된다."

아무도 내 편이 되어 주질 않았다. 도망갈 곳도 없었다.

당연히 나는 공부도 못했다. 이해력이 부족해 수업 시간에 선생님이 무슨 말을 하는지 통 알아듣지 못했다. 성적표에는 5단계 중 '1' 혹은 '2' 투성이였다. 어머니에게는 '1'이 가장 좋은 성적이고, '5'가 가장 나쁜 것이라고 거짓말을 했다. 그런데 어찌 된 일인지 꽤 오랫동안 이 거짓말이 들통나질 않았다. 아무것도 모르는 어머니는 동네 아주머니들이 모이는 빨래터에 갔다가 "우리 아들은 성적표에 1이나 2밖에 없어요. 공부를 꽤 잘해요"라고 자랑을 했다.

처음엔 주변 아주머니들도 "불쌍한 아키오 또 맞으면 어떡해" 하면서 가만히 듣고만 있었다. 하지만 영원한 비밀이란 없는 법이다. 어머니의 자랑이 너무 지겨웠는지 결국 누군가 "1이 제일 나쁜 성적이에요"라고 가르쳐 주고 말았다. 오랫동안 내 말을 믿었던 어머니는 너무 놀랐고, 아들이 그토록 천연덕스럽게 거짓말했다는 사실을 받아들일 수 없었다. 하지만 담임 선생님을 찾아가 물어보고 난 뒤 어쩔 수 없이 내 성적이 꼴찌라는 사실을 인정해야만 했다. 물론 집에 돌아와 어머니가 가장 먼저 한 일은 내게 한 차례 매질을 하는 것이었다. 그리고 "공부해"라고 하셨다. 그렇지만 내게 맡긴 집안일을 줄여 줄 생각은 하지 않으셨다. 오히려 일이 더 늘어났고, 성적은 여전히 꼴찌를 면하지 못했다.

아버지는 성적에 대해선 별 말씀이 없었다. 대신 "넌 머리 나쁜 인간들끼리 결혼해 낳은 아이다. 그러니 공부를 못하는 것도 당연하다"고 하시며, 아주 인상적인 한마디를 덧붙이셨다.

"그러니까 너는 다른 사람보다 더 노력하든가, 다른 사람
이 하지 않는 일을 해야 된다."

사람들을
웃기는 것이 좋다

이 시절 나를 가르쳤던 담임 선생님이 바로 첫머리에서 언급했던 구마사카 선생님이다. 아주 곱고 아름다운 분이셨다. 어느 날 선생님이 "집에 놀러 오렴"이라고 하시자, 나를 포함한 우리 반 아이들은 정말로 가끔씩 찾아갔다. 따뜻하게 대해 주셨던 선생님의 존재만이 내게는 구원이었다.

4학년 때 나는 새로 생긴 하쿠요 초등학교로 전학을 가게 되었다. 학교가 바뀌어도 내가 '왕따 당하는 아이'라는 사실만은 달라지지 않았다. 어린 시절 나는 타고난 왕따 체질이었던 듯하다. 하지만 따돌림을 당한다고 해서 늘 기가 죽어 지내지는 않았다.

이 시절 나는 '재미있고 우스운 것'에 아주 관심이 많았다. 수업 시간에 집중해서 잘 듣지는 않았지만, 순간순간 선생님의 말꼬리를 잡고 우스운 이야기를 곧잘 했다. 그러면 반 아이들 모두가 크게 웃었다. 내가 유일하게 존재감을 드러낼 수 있는 때였다. 자연스레 학급 친구들을 웃기는 일이 좋아졌다.

우리 반은 한 달에 한 번 대청소를 했다. 한번은 반 친구 중한 명이 천정을 가리키며, "저기 저 버튼을 누르면 재미있는 일이 벌어질 거야"라고 말했다. 나는 '재미'라는 한마디에 흥

분했다. 그래서 얼른 책상을 딛고 올라가 빗자루 끝으로 버튼을 눌러보았다. 그러자 요란한 경보음이 학교 전체에 울려 퍼졌다. 내가 건드린 것은 화재 비상벨이었다. 몇몇 선생님들이 양동이에 물을 담아서 우리 반 교실로 뛰어왔다.

아이들은 뿔뿔이 흩어져 달아났고, 나 혼자만 교실에 남아 있었다. 담임 선생님은 아이들을 다시 모아 놓고 크게 화난 목소리로 "누구야? 비상벨을 누른 사람이?" 하고 물었다. 그러자 아이들은 동시에 한목소리로 "니토리입니다"라고 대답했다. 말할 필요도 없이 그날 나는 선생님한테 흠씬 두들겨 맞았다. 하지만 주위 사람들을 놀라게 했다는 사실 때문에 그다지 후회는 되지 않았다. 오히려 쾌감을 느꼈고, 계속 그런 장난을 치고 싶어졌다.

넘어졌다면, 일어나라!

소세이 강에
처박히다

1 956년에 중학교에 들어갔다. 귀국자 주택 지역의 학교라 말썽꾸러기들이 많았다. 하루가 멀다 하고 유리창이 깨지거나 싸움이 났다. 삿포로 시에서도 몇 손가락 안에 드는 문제 학교였다. 친구들과 공중목욕탕을 몰래 들여다보다가 주인에게 들킨 적도 있었다. 다행히 나는 재빨리 도망쳤지만, 잡힌 아이는 호되게 야단을 맞았다.

중학교에 가서도 나는 여전히 왕따였다. 쌀 배달을 했기 때문에 힘이 약하지는 않았다. 일대일로 붙으면 지지 않을 자신이 있었다. 특히 내가 잘하는 스모라면 누구에게도 결코 지지 않았을 것이다. 하지만 나는 원래부터 타고난 왕따 체질이었다. 쉬는 시간이면 밖으로 불려 나가 집단 폭행을 당했다.

어느 날 홋카이도 대학 직원들이 사는 주택지로 쌀 배달을 가게 되었다. 삿포로 시내를 흐르는 소세이 강을 따라 자전거를 타고 달리다가 학급 친구들과 마주쳤다. 왠지 예감이 안 좋았지만 도망칠 곳도 없었다. 아이들은 나를 자전거와 함께 밀어 강에 처박아 버렸다. 만일 머리부터 떨어졌다면 죽었을지도 모른다.

강물에 젖어 비 맞은 생쥐 꼴을 하고 돌아오자, 어머니가 깜짝 놀라며 물었다.

"쌀은 어떻게 했나?"

　못된 친구들을 만나 강에 처박히는 바람에 다 쏟았다고 하자, "당장 가서 흘린 쌀을 주워 와라"라고 소리치셨다. 내 어머니답게 아들보다는 쌀 걱정이 먼저였다. 어딘지 코미디 쇼 같은 분위기 속에서 하는 수 없이 소세이 강으로 되돌아갔다. 강바닥을 뒤지며 하수구에서 나온 구정물과 진흙이 묻은 쌀알을 샅샅이 찾아냈다. 그래도 원래의 10분의 1밖에 건지지 못했다. 집에 가져와 쌀에 묻은 진흙을 씻어 냈지만 냄새만은 사라지지 않았다. 그 쌀로 지은 밥을 먹는 것처럼 괴로운 일도 없었다.

　이 이야기에는 후일담이 있다. 10년 전쯤 중학교 동창회에 갔다가 그날 강에 나를 처박았던 친구들 중 한 명을 만났다.

　"어, 아키오, 그날 이후 자네가 죽는 꿈을 몇 번이나 꿨는지 몰라. 지난 50년 동안 죽을죄를 지었다는 죄책감에 시달렸어."

　사실 나는 그 일을 까맣게 잊고 있었다. 친구가 사과하는 바람에 다시 기억해 내기는 했지만, 더 이상 미움 같은 것은 남아 있지 않았다.

후일담이 하나 더 있다. 이 책의 전신이라 할 수 있는 '나의 이력서' 연재가 끝나고 2주 정도 지나 중학교 동창회가 열렸다. 나를 강에 처박았던 그 친구가 '나의 이력서' 연재물을 제본해서 모두에게 한 권씩 나눠 주었다. 그러면서 "자, 이 책에 나도 등장하니까 찾아보라고" 하고 자랑스럽게 떠드는 바람에 모두 폭소를 터뜨렸다.

그때도 나는 장난을 좋아했다. 지금도 동창회에 가면 늘 화제가 되는 장난이 있다. 화난 얼굴로 다니면서 수시로 아이들을 패는 선생님이 한 분 있었다. 나는 그 선생님을 골탕 먹이고 싶다는 생각에 아이디어를 짜냈다. 그래서 크기가 다른 꽃병 세 개에 물을 넣은 상태로 조심해서 교탁 위에 거꾸로 세워 놓았다. 빈 꽃병을 엎어 놓은 것처럼 보이지만, 조금이라도 건드리면 물이 왈칵 쏟아지도록 한 것이다.

역시나 선생님은 교탁에 서자마자 "이게 뭐냐?" 하시며 가장 큰 꽃병을 집어 들었다. 순간 꽃병에서 물이 왈칵 쏟아져 교탁 위는 온통 물바다가 되었다. 거기서 멈추면 좋았을 텐데, 선생님은 그 옆에 있는 꽃병을 또 집어 들었다. 이번에도 꽃병에서 물이 왈칵 쏟아졌고, 선생님 쪽으로 튀어 양복을 흠뻑 적시고 말았다. 머리끝까지 화가 난 선생님은 "이거

누가 장난친 거냐? 솔직히 말하면 용서할 테니 손들어 봐"라
고 소리쳤다.

붉으락푸르락해진 선생님 얼굴을 보면서 아무도 용서한
다는 말 따위는 믿지 않았다. 모두 숨죽이고 침묵을 지켰다.
선생님은 그날부터 2주 동안 방과 후만 되면 우리 반으로 와
서 범인 찾기를 했다. 하지만 끈질긴 선생님의 노력에도 불
구하고, 분노가 심상치 않았기 때문에 아무도 입을 열지 않
았다. 결국 이 사건은 졸업 때까지 '미해결'로 남았다.

공부도 여전히 못했다. 이해력이 떨어져 수업 시간에 선생
님이 설명하는 내용을 좀체 알아듣지 못했다. 결혼한 뒤, 아
내는 내게 "당신이 어렸을 때 어머니한테 왜 매일 맞았는지
알 것 같아요. 무슨 말을 해도 바로 알아듣고 행동하는 법이
없잖아요"라고 말했다. 어쨌든 학창 시절 나는 수업 시간 내
내 만화만 그리고 있었다. 꽤 잘 그렸기 때문에 친구들로부
터 좋아하는 만화 캐릭터를 확대해서 그려 달라는 부탁까지
받았다.

성공에 대한
예감

어느 학교에나 좀 특이한 선생님들이 있는 법이다. 우리 학교에는 이름에 쓰인 한자의 획수를 가지고 길흉을 점치기 좋아하는 분이 있었다. 어느 날 수업 시간에 "이름 한자가 21획이면 크게 성공할 운명이란다. 자, 이 반엔 누가 있을까?"라고 물으셨다. 각자 자기 이름을 한자로 써 보니 두 사람이 있었다. 한 명은 우리 학교 전교 1등이었는데, 이 아이는 나중에 도쿄대에 갔다. 또 한 명은 우리 반 꼴찌인 바로 나였다. 신기하게도 아키오(昭雄)란 이름을 몇 번이고 다시 써 봐도 정확히 21획이었다. 내가 21획이라고 손을 들자 교실은 완전히 웃음바다가 되었다. 지금 니토리가 대기업으로 성장했으니 당시 선생님의 선견지명이 놀라울 뿐이다.

기억나지 않는 게 더 많은 중학교 시절이지만, 그때 들었던 말 중 지금도 가슴에 남은 한마디가 있다. 학생들의 자세가 흐트러지면 즉시 분필을 던지는 수학 선생님이 있었다. 선생님은 10대 때 형제를 잃어버린 자신의 경험을 떠올리며 이렇게 말했다.

"사람은 언제 죽을지 모르는 법이다. 그러니까 하고 싶은 일은 다 해 보고 미련이 안 남게 살아라. 죽는 날 가족들에게 후회 없이 살았으니까 슬퍼하지 말라고 웃으며 말할 수 있는 인생을 살란 말이다."

나는 이 말에 감동받았다. 그래서 아내에게도 " 내 장례식은 웃으면서 치러야 해. 가라오케 대회도 열고 생전에 찍어 둔 동영상도 틀면서 말이야"라고 말해 두었다. 뿐만 아니라, 유언장도 미리 작성해 두고, 내 뒤를 이어 사장이 될 사람도 50대 때부터 정해 두었다. 창업자가 죽은 뒤에도 즉각 후계자를 결정해서 성장해야 하는 게 회사다. 그러니 내가 살아 있을 때 미리 길을 닦아 두는 것은 당연한 일이다.

인생의 마지막을 생각하면서 지금 회사가 나아갈 바를 결정한다. 이것은 어느새 중요한 경영 원칙이 되었다. 여기에는 중학교 때 수학 선생님이 들려준 한마디가 아주 큰 영향을 끼쳤다.

넘어졌다면, 일어나라!

암거래 쌀로
고교 합격

당연히 고등학교 입학시험은 보는 족족 떨어졌다. 마지막으로 원서를 낸 곳이 홋카이도 공업고등학교(현 홋카이도 쇼시카쿠엔 고교)인데, 역시 불합격이었다. 나는 '무언가 손을 쓰지 않으면 안 되겠다'고 생각했다. 마침 우리 집에서 암거래 쌀을 사가는 단골손님의 친구가 홋카이도 공고 교장 선생님이었다. 나는 그 손님을 다리 삼아 밤중에 교장 선생님 댁에 직접 찾아갔다. 그리고 그 집 마당에 쌀 한 섬을 내려놓으면서 "홋카이도 공고에 꼭 들어가고 싶습니다" 하고 간절하게 매달렸다. 그 덕분인지는 잘 모르겠지만, 나는 그 학교에 보결로 들어가게 되었다.

제 2 장

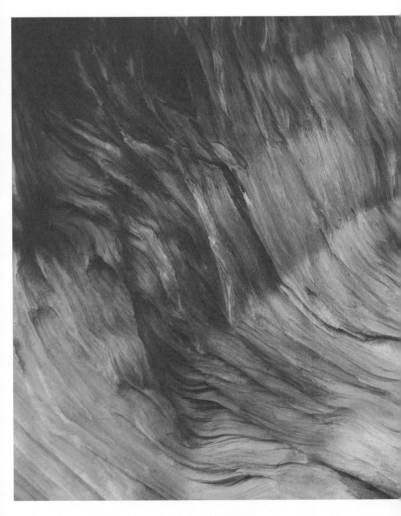

가수가 되려 했던 청년

인생의 운은
종이 한 장 차이

고등학교에 들어가서도 나는 여전히 따돌림의 대상이었다. 불량하게 노는 아이들이 생트집을 잡아 나를 한 번씩 괴롭혔다. 어느 날은 배달 오토바이에 타려는 순간 이 친구들이 달려들어 뒤에 앉는 바람에 오토바이가 휙 넘어졌다. 나는 이들에게 오토바이를 빼앗기지 않으려고 필사적으로 끌어안았다. 하지만 다 함께 달려들어 때리자 결국 항복했고, 녀석들은 오토바이를 가지고 쌩 달아나 버렸다.

멍투성이 얼굴로 돌아온 내게 자초지종을 들은 아버지의 반응은 역시나 예상대로였다. 당장 오토바이를 찾아오라고 화를 내셨다. 혼자서는 도저히 그 녀석들을 이길 자신이 없었던 나는 이러지도 저러지도 못하는 난처한 상황에 빠졌다. 그때 문득 나보다 서너 살 위인 사촌 형이 떠올랐다. 녀석들 못지않은 깡패인 형을 찾아가 오토바이를 빼앗긴 사정을 털어놓기로 했다. 이야기를 듣고 난 사촌 형은 "알았어. 나한테 맡겨" 하고 자신만만한 미소를 띠며, 내 어깨를 툭툭 쳤다.

사촌 형은 이들 불량 그룹의 선배였던 것 같다. 형은 "이 기회에 녀석들 버릇 좀 고쳐야겠어" 하고 웃었다. 오토바이는 무사히 돌아왔고, 간신히 아버지에게 혼나지 않을 수 있었다. 나는 '이대로는 안 되겠다' 싶었다. 궁리 끝에 아르바이트를 해서 번 돈으로 권투 체육관에 등록하기로 했다. 물론 나를 괴롭히는 깡패들과 싸워 이기기 위해서였다. 1년 정도 재미있게 다녔는데 부모님에게 들키는 바람에 어쩔 수 없이 그만두어야 했다. 하지만 '누구든 둘이 맞붙어 싸우면 지지 않겠어'라는 생각이 들 정도로 자신감이 생겼다.

성적은 여전히 나빴다. 1학년 60명 중에서 58등. 그런데 내 뒤의 두 명이 진급을 할 수 없어 곧 학교를 그만둬 버렸다. 그들이 사라지자 전교 꼴찌는 당연히 내 차지가 되었다.

고등학교 때는 당연히 이성에 대한 호기심이 높아진다. 바로 그런 이유 때문에 인생에서 돌이킬 수 없는 사건이 일어나기도 한다. 나를 포함한 친구 몇 명이 이웃 여학교 아이들과 어울려 놀기 시작했다. 우리는 소위 '불량 이성 교제'에 빠져들게 되었다. 당시엔 강변 으슥한 곳에서 남녀가 서로 합의하에 '나쁜 짓'을 하는 것을 '도색 행위'라고 했다. 우리는 순서를 정해 '도색 행위'를 하기로 했다. 경험이 없었던 나는 불안과 기대가 교차하는 가운데 순서가 오기만을 기다리고 있었다. 막상 그날이 다가오자 불안한 마음이 더 커져 어떻게 해야 할지 망설이게 되었다.

그런데 바로 그 전날 사건이 터지고 말았다. 우리와 함께 어울려 놀던 여학생 중 한 명이 훈육 지도를 받게 되었다. 그리고 이 아이 때문에 그동안 같이 어울려 다니던 친구들이 저지른 잘못도 모두 드러나게 되었다. 이 일로 우리 학교에서는 5명이 퇴학 처분을 받았다. 하루만 더 늦게 이 일이 터졌다면, 아마 나도 퇴학을 당해 대학 진학은 꿈도 꾸지 못했을 것이다. 그리고 지금과는 다른 인생을 살게 되었을 것이다.

희귀병에
걸리다

고등학교 2학년 때 나는 희귀병으로 수술을 받았다. 사실은 어렸을 때부터 하복부에 심한 통증을 느낄 때가 있었다. 너무 심할 때에는 기절해 버린 적도 있었다. 의식을 되찾으면 고통은 말끔히 사라졌다. 어딘가 아프다고 하면 '정신력'이 약해서 그런 거라면서 오히려 야단을 맞았기 때문에 부모님께는 말하지 않고 꾹 참았다.

하지만 고등학교 2학년 때에는 상황이 좀 달랐다. 마라톤 대회에서 뛰고 난 뒤 하복부에 심한 통증을 느꼈다. 이번에도 기절했는데, 정신을 차리고 난 뒤에도 통증이 사라지질 않았다. 모두들 맹장염이라 생각하고 홋카이도 대학 병원 응급실로 나를 옮겼다.

진찰해 보니 맹장염이 아니었다. 양쪽 고환이 돌아가 피가 잘 흐르지 않는 고환회전증이었다. 몇 백만 명 중 한 명이 걸리는 희귀병이라고 했다. 처음엔 양쪽 고환이 모두 괴사한 것 같다고 했는데 다행히도 한쪽만 적출하는 것으로 끝났다. 홋카이도 대학 병원에서는 처음 있는 사례였기 때문에 내 고환은 포르말린에 적셔져 연구 대상이 되었다. 나중에 알게 된 사실인데 이 병은 격세유전되는 것이었다. 우리 할아버지도 나와 같은 증상으로 고생하다가 청일전쟁인가 노일전쟁

에 나갔다 전장에서 고환 적출 수술을 받았다고 한다,

어머니는 "아이가 안 생기는 것 아니냐?" 하고 걱정하셨지만, 정작 당사자인 나 자신은 태연했다. 오히려 '희귀한 병을, 그것도 아주 심하게 앓았으니 무언가 다른 일에서 크게 성공하지 않을까?' 하고 나름 진지하게 생각했을 정도로 엉뚱한 면이 있었다.

넘어졌다면, 일어나라!

주산 대회
우승

고등학교에 들어온 뒤부터 조금씩 내 삶이 나아지고 있다는 생각이 들었다. 손재주가 있어서인지 주산만큼은 남보다 잘했다. 중학교 때 이미 주산 1급을 땄을 정도였다. 고등학교에서도 주산부에 들어가 부지런히 실력을 갈고닦았다. 그리고 500명이 참가하는 대회에 나가 1위를 했다. 시상식에서 교장 선생님은 나를 알아보지 못했다. 하지만 내가 상을 받으면서 "선생님, 제가 입학 전에 쌀 배달을 갔던 니토리입니다"라고 하자, "아, 그때 그 니토리 군인가? 아주 훌륭하네"라고 칭찬해 주셨다.

고등학교 졸업 때가 되자 문제가 생겼다. 졸업 조건은 주산 3급과 부기 3급이었다. 주산은 워낙 잘했기 때문에 걱정할 게 전혀 없었다. 하지만 부기는 달랐다. 부기 선생님이 나를 불러 "이대로라면 졸업을 못한다"라고 경고할 정도로 실력이 형편없었다. 이 일을 솔직하게 털어놓자 어머니는 그냥 하염없이 우셨다. 아들이 어렵게 다닌 학교를 졸업하지 못한다고 생각하니 마음이 아프셨을 것이다. 나는 어떻게든 졸업해야겠다고 마음먹고, 주위 친구들의 도움을 받아 간신히 고등학교 과정을 마칠 수 있었다.

솔직히 말하면 중학교와 고등학교 시절 웬만한 시험은 실력이 아닌 컨닝으로 점수를 땄다. 두꺼운 컨닝 용지를 붙인

지우개를 책상 구석에 두고 답을 쓸 때마다 슬쩍슬쩍 훔쳐 보는 식이었다. 암기력은 나빠도 손재주가 좋았기 때문에 컨닝 페이퍼를 감쪽같이 만드는 일만큼은 자신 있었다. 물론 영어나 수학은 암기 과목이 아니기 때문에 컨닝 페이퍼만으론 부족했다. 그래서 믿을 만한 컨닝 동지들을 모아 도움을 받았다.

컨닝을 정당화하려는 것은 아니지만, 이 일에는 상당히 창의적인 사고력이 필요하다. 사업을 할 때처럼 세상에 없는 방법을 생각해 내 위기를 헤쳐 나가야 하기 때문이다. 또 원하는 결과를 얻기 위해 필사적인 노력을 기울여야 한다. 공부할 때 필요한 것이 암기력이라면 컨닝할 때 필요한 것은 창의력이다.

이즈음 아버지는 이런 말을 하셨다

"넌 느려 터지고 둔해. 그러니까 성공하려면 남들보다 두 배는 더 노력해야 해. 아니면 다른 사람들이 하지 않는 일을 하던가."

그리고 중요한 한마디를 덧붙이셨다.

"머리가 좀 나쁘면 어떠냐? 명문대 나온 우수한 인재를 고용하면 될 거 아니냐?"

나는 이 말을 마음 깊이 새겨 두고 오늘날까지 실천하고 있다.

아버지는 자신이 운영하는 콘크리트 회사를 내게 물려주려 하셨다. 나는 암거래 쌀 판매는 물론이고, 아버지 회사 일도 오랫동안 도왔기 때문에 필요한 업무는 어느 정도 익히고 있었다. 하지만 일단 그 일에 뛰어들면 주말에도 쉴 수 없는 것은 물론이고, 공사용 콘크리트를 나르느라 온몸은 상처투성이가 될 것이다. 특히 콘크리트 운반용 지게를 어깨에 멜 때마다 가시가 박히는 게 너무 싫었다. 이래저래 엄청 고된 일만 계속 해야 될 것이 뻔했다. 때문에 '사회엔 나가고 싶지 않아'라고 마음을 굳혔다.

부모님께 "공부를 더 하고 싶어요. 대학에 보내 주세요. 제발요"라고 애원하다시피 했다. 하지만 돌아온 대답은 "공부는 지지리도 못하면서 무슨 대학이냐?"였다. 부모님은 일하기 싫어하는 내 속마음을 꿰뚫어 보고 계셨다.

그래도 나는 대학에 가겠다고 끈질기게 매달렸다. 결국 조건을 붙여 대학에 가는 것을 허락 받았다. 대학 입학과 동시에 집에서 독립해야 했고, 입학금, 수업료, 생활비도 모두 내가 알아서 해결해야 했다. 만약 집에서 다니게 되면 하숙비를 내야 했다.

단기대학과
헌팅

1962년, 삿포로 단기대학(고등학교 졸업 후 입학할 수 있는 2~3년제 대학으로, 우리나라의 전문대학과 비슷하다 - 옮긴이)에 간신히 들어갔다. 원래부터 아버지 회사를 물려받기 싫어 들어간 대학이라 제대로 다니지 않았다. 공부는 전혀 하지 않았고, 가라테부에 들어가 동아리 활동은 그런대로 열심히 했다. 그리고 수업료를 스스로 해결해야 했기 때문에 시간 날 때마다 아르바이트를 했다.

여름방학 때는 바쁘게 아버지 일을 도왔지만, 눈이 많이 내리는 겨울에는 일이 별로 없었다. 가끔 새해 선물용 쌀을 배달하거나 삿포로 시내 상점 지붕의 눈을 치우는 일이 들어왔다. 그런데 일을 하러 나서면 돈을 벌기보다는 문제를 만드는 날이 더 많았다.

하루는 정육점 주인에게 뺨에 불이 나도록 얻어맞았다. 그 집 딸과 친해져 방에서 노닥거리다가 들켰기 때문이다. 폭설이 내리는데 쌀 배달을 가다가 차로 아이를 치는 사고를 내기도 했다. 배상금은 부모님한테 빌려서 내야 했다. 또 그 차로 전차를 들이받아 손해배상을 해야 했다. 돈을 벌어도 벌어도 생활은 좀처럼 나아지질 않았다.

고등학교 때부터 여자 친구를 사귀지 못하는 게 늘 불만이었다. 그래서 대학에 들어간 후 헌팅을 잘하기로 소문난 친구를 찾아가 한 수 가르쳐 달라고 졸랐다. 그러자 친구는 나를 데리고 도심에 있는 큰 공원의 분수대로 갔다. 거기서 한참 동안 지나가는 여자들을 관찰하더니, 드디어 시범을 보이겠다며 나섰다. 헌팅 대상을 찾은 것 같았다. 나는 멀리서 친구를 지켜보았다. 녀석은 함께 길을 가던 두 여자에게 말을 거는가 싶더니 순식간에 내가 있는 곳으로 데려왔다. 친구는 그다지 잘생긴 편도 아니었다. 하지만 말재주가 좋고 유머가 뛰어나 어디서나 인기였다. 친구와 나, 그리고 친구가 데려온 두 여자 이렇게 네 사람은 이야기를 나누기 시작했다. 하지만 나는 우물쭈물할 뿐 좀처럼 대화에 끼지 못했다.

여자를 사귀는 데 영 서투른 내 모습을 보더니 친구는 충고 한마디를 건넸다.

"넌 정말 노력이 필요한 인간이다. 뭐하고 있냐? 어서 수첩에 적지 않고."

그다음부터는 친구를 따라다니며 녀석이 하는 이야기의 웃음 포인트를 필사적으로 메모하며 공부했다. 드디어 결전의 날이 왔다. 친구는 나 혼자 가서 여자를 헌팅해 오라고 시켰다. 내가 망설이며 나서질 못하자 "야, 인마 이런 일은 실패를 통해 배우는 거야. 거절당할 각오로 부딪혀 보란 말이야"라고 재촉했다.

나는 마지못해 마음에 드는 여자를 쫓아가 "저 잠깐 시간 좀 있으신가요? 차 한잔 하실래요?" 하고 말을 걸었다. 하지만 역시나 잘되지 않았다. 친구가 나섰을 때엔 그렇게도 잘 따라오던 여자들이 내가 말을 걸자 피하기만 했다. 친구는 포기하지 않고 "표정이 너무 딱딱해"라든가 "자신감이 없어 보여"라는 둥 여러 가지 충고를 하며 계속 헌팅 지도를 해 주었다. 나는 점점 자연스럽게 여자들에게 말을 걸고 농담도 할 수 있게 되었고, 마침내 여자 친구도 몇 명 사귀게 되었다. 2년 동안 착실히 배우고 연습한 결과였다.

그 당시엔 가출해서 공원을 배회하는 여자들이 흔했다. 이들 중엔 나쁜 사람들에게 속아 유흥업소에 들어가 고생길로 접어드는 경우도 많았다. 공원에 헌팅하러 다니면서 그런 경우를 볼 때마다 안타까웠고, 이들에게 제대로 된 가게를 소개해 주고 중개료를 받으면 어떨까 하는 생각이 들었다. 당시 자주 가던 식당 주인아주머니에게 이 이야기를 했더니 "우리 집도 일손이 달려. 일 잘하는 아가씨라면 나부터 소개해 줘"하며 관심을 보였다.

헌팅 연습을 하며 닦아 놓은 '사교술'이 드디어 빛을 발하게 되었다. 나는 여자들에게 직장뿐만 아니라 머무를 집도 소개해 주기로 했다. 대부분 돈이 없는 여자들이었기 때문에 우선 내 돈으로 아파트를 빌려 이불이나 간단한 그릇 같은 것을 들여놓고 생활할 수 있게 해 주었다. 그리고 월급을 받으면 그중 일부를 수수료로 받기로 했다. 처음엔 대단치 않은 돈벌이였는데, 소개한 사람이 하나둘 늘어나면서 상당한 수입이 되었다. 당시 대졸 초임이 대략 한 달에 1만 3,000엔이었는데, 내가 수수료로 받는 돈은 1인당 500엔 정도였다. 하지만 그렇게 많은 여자들을 상대하면서도 어느 누구와도 제대로 사귀지는 못했다. 나는 무엇이든 느리고 늦되는 스타일이라 깊은 정을 나누는 이성 교제에도 남보다 늦게 눈떴다.

넘어졌다면, 일어나라!

가수를
꿈꾸다

사실 고등학교와 대학교 시절 내 꿈은 가수였다. 당시 가장 인기 있는 가수는 하시 유키오와 후랑크 나가이였다. 나는 노래를 정말 좋아했다. 늘 레코드를 틀어 놓고 그들의 노래를 따라 부르며 정말 열심히 연습했다.

고등학교 3학년 때에는 삿포로에서 열리는 'NHK 노래자랑'에 출전하게 되었다. "좋아. 여기 나가서 딩동댕(합격 종소리-옮긴이)을 울리고, 가수가 되어 보자"라고 단단히 마음먹었다. 노래에는 자신 있었기 때문에 친척들에게도 '노래자랑'에 나간다고 자랑하고 다녔다.

원래는 친구 두 명과 트리오를 만들어 나가려고 했는데, 한 명이 겁난다면서 대회장에 오지 않았다. 게다가 예정에 없던 텔레비전 중계가 결정이 되어 갑자기 생방송에 출연하게 되었다.

드디어 본선이었다. 내 출전곡은 하시 유키오가 부른 '남해의 미소년'이었다. 원래 쉽게 긴장하는 성격인 나는 눈앞의 광경에 숨이 턱 막히는 것 같았다. 생전 처음 보는 낯선 사람들이 드넓은 대회장을 가득 메운 채 나를 바라보고 있었다. 촬영 카메라 여러 대도 나를 향했다.

내 순서가 되자 사회자는 큰 소리로 "자, 그럼 다음은 남

넘어졌다면, 일어나라!

해의 미소년입니다"라고 소개했다. 나는 벌렁거리는 심장을 억누르면서 목청껏 부르기 시작했는데 처음부터 한 옥타브가 엇나가고 말았다. 어떻게 해 볼 도리가 없어 그냥 계속 부르려는데, 한 소절이 끝나자마자 '땡'하고 불합격 종소리가 울렸다. 사회자가 "어떠셨습니까?" 하고 소감이라도 한마디 물어보기는커녕, "네 그럼 다음 분~" 하면서 무대 아래로 나를 밀어내다시피 했다.

그날은 할머니 집에서 고모의 결혼식이 있었다. 나는 노래자랑에서 떨어지자마자 결혼식장으로 달려갔다. 친척 여자아이가 나를 보더니 큰 소리로 "오빠 노래자랑 나갔지? 노래 시작하자마자 땡 쳤지?"라고 말했다. 이미 텔레비전으로 그 장면을 보았던 친척들이 크게 웃음을 터뜨렸다.

그때는 잠시 가수의 꿈을 포기할까도 싶었다. 하지만 곧 '남자가 한 번 뜻을 품었으면 포기할 수 없지. 초지일관이다. 친척들이 날 다시 보게 만들 거야'라고 마음을 고쳐먹었다. 그래서 단기대학을 다니는 동안 가수 양성소에도 다녔다. 하지만 수강생이 30~40명이나 돼 세심한 지도를 받기가 어려웠고, 뮤지컬 무대에 서게 되었을 때 내가 맡은 역할은 행인중 한 명이었다. 어쩔 수 없이 지방 텔레비전 방송국에서 운영하는 가수 양성 학원에 다시 들어갔다. 하지만 이곳 수업도 그리 알차지는 않았다. 세 번째 수업에서는 '삿포로 레인 저스'라는 40인 재즈밴드의 감독인 아오키 세이이치로 선생님에게 직접 지도를 받게 되었다.

그곳에서 일주일에 두 번 연습했다. 내가 가수가 되는 것을 반대하는 부모님에게는 영어 학원에 다닌다고 거짓말을 했다. 아오키 선생님에게 배운 노래는 후랑크 나가이의 '기리코의 탱고'였다. 이때서야 비로소 복식 호흡과 발성을 정식으로 배울 수 있었다. 덕분에 밤무대에도 설 수 있게 되었다. 일주일에 한 번씩 후랑크 나가이의 노래를 부르고 출연료를 받았다. 액수는 당시 대졸 초임의 3분의 1 정도로 대학생 아르바이트치고는 꽤 괜찮은 수입이었다.

이 외에도 삿포로 눈 축제나 벚꽃 축제 때에도 노래를 부르는 등 대학 시절 내내 '가수 활동'은 계속 되었다. 하지만 역시 정식 가수로서 무대에 설 만한 목소리는 아니어서 대학을 졸업한 이후 '가수의 꿈'은 봉인하였다.

'가수 니토리 아키오'에 대해서는 후일담이 있다. 니토리 주식회사가 어느 정도 성장한 뒤의 이야기다. 우리 회사 전무를 통해 작곡가인 겐 데츠야 선생님을 알게 되었다. 우리는 가끔 만나 식사를 함께할 정도로 친분을 쌓았다.

겐 선생님 친구 중에는 자신의 가게에서 1년에 2~3번 노래방 노래 대회를 여는 사람이 있었다. 그곳에 가서 노래를 몇 번 불렀는데, 이를 눈여겨본 겐 선생님이 불쑥 음반을 한 번 내 보라고 제안하셨다. "경제인이니까 분명 화제가 될 거야"라고 하시며 음반 회사 데이치쿠에 나를 소개시켜 주었다. 덕분에 인기 여가수 가와나가 미유키 씨와 듀엣으로 노래를 불러 음반을 내게 되었다. 우리는 도쿄 텔레비전 방송국의 가요 프로그램 '목요일 밤의 콘서트'에도 함께 나갔다. 당시 기타지마 사부로 같은 거물급 가수 10명이 함께 출연했기 때문에 긴장감은 이루 말할 수 없었다. 대학을 졸업한지 50년이 지나 드디어 가수로 데뷔하는 역사적인 순간이었다.

컨닝으로
명문대 합격?

가수가 되는 데 온통 마음을 쏟았던 단기대학 생활이 드디어 끝나 가고 있었다. 역시나 졸업이 가까워질수록 대학 생활을 좀 더 즐기고 싶은 마음도 점점 커졌다. 그래서 홋카이가쿠엔 대학에 편입 시험을 보기로 했다.

나는 북해도의 명문 사립대학인 이 학교를 오랫동안 동경하고 있었다. 물론 내 실력으로는 도저히 들어갈 수 없다는 것도 잘 알았다. 편입 시험 과목은 영어와 경제학이었다. 어느새 나는 컨닝을 해서라도 합격해야겠다고 마음먹게 되었다. 그래서 함께 편입 시험을 보기로 한 단기대학 동창생과 작전을 짰다. 영어는 그 친구가, 경제학은 내가 공부한 뒤 서로 모르는 것을 가르쳐 주기로 했다.

그런데 친구는 영어 시험에서 문제를 푸는 데 너무 집중한 나머지 내게 답을 보여 주지 않았다. 한편 경제학 시험문제는 "마르크스-레닌주의에 대해 알고 있는 것을 써라"였다. 나는 망친 영어 시험 성적을 만회해야 한다는 생각으로 필사적으로 답안지를 작성했다. 나도 역시나 친구에게 답을 가르쳐 줄 여유가 없었다. 결국 내 영어 성적은 바닥이었다.

결과를 보니 나는 합격이고 친구는 불합격이었다. 뛸듯이 기뻤다. 내 점수는 경제학이 70점, 영어는 5점이었다. 두 과목을 합쳐 70점이 커트라인이었다. 친구는 "어떻게 넌 합격이고 난 불합격이야?" 하면서 투덜거렸다. 사실 나는 따돌림을 당하면서 유년기와 사춘기를 보내는 동안 단단히 결심했었다. 나중에 꼭 성공한 모습으로 나를 괴롭힌 친구들에게 되갚아 줄 거라고. 그래서 더더욱 홋카이도의 명문인 홋카이가쿠엔 대학에 꼭 합격하고 싶었다.

1964년 드디어 염원하던 홋카이가쿠엔 대학 경제학부의 학생이 되었다. 정말 기뻤다. 이 학교는 '북쪽의 와세다'라 불릴 정도로 인정받는 명문 학교였고, 취직이 잘되는 학교로도 유명했다. 나는 '이제 미래는 보장되었다'고 생각하며, 한껏 들떴다.

교수님을
미행하다

간신히 입학은 했지만, 강의 내용을 좀처럼 이해할 수 없었다. 부모님에게 유급을 피하기 어려울 것 같다고 말했더니 "학교를 1년 더 다닌단 말이냐? 그건 절대 안 된다"라고 펄쩍 뛰셨다. 학비와 생활비를 스스로 벌고 있기 때문에 괜찮을 줄 알았지만, 부모님 생각은 좀 달랐다. 아버지가 운영하시는 '니토리 콘크리트 공업'을 하루라도 빨리 물려받기를 원하고 계셨다. 나는 여전히 부모님이 무서웠기 때문에 어떻게든 2년 안에 졸업해야 한다는 생각이 들었다. 그래서 낙제할 것 같은 과목 교수님을 찾아가 와인을 선물하거나 "아름다우십니다" 하고 아부까지 하면서 온갖 노력을 기울였다. 천신만고 끝에 겨우 필수 과목의 학점을 이수했다.

지금 생각하면 아주 어리석은 짓도 했다. 교수님 중에 학점을 아주 짜게 주는 분이 있었다. 찾아가 선물을 하거나 통사정하며 매달려도 성적이 나쁜 학생들을 가차 없이 낙제시키기로 유명했다. 나는 교수님을 미행해 약점을 잡아내기로 했다. 그러던 중 교수님이 삿포로 시내 어느 주점의 단골손님이란 사실을 알아냈다. 그곳 마담이 마음에 들어 틈만 나면 가는 것 같았다.

어느 날 교수님이 술을 마시고 있을 때 나도 술을 마시러

온 척하며 접근했다.

"교수님. 안녕하십니까? 전 니토리 아키오라고 합니다. 교
수님께 강의 듣고 있는데 정말 재미있습니다."

물론 마지막 말은 거짓이었다. 전혀 재미있지 않았다.

교수님과 술을 마시다 새로운 사실을 알아냈다. 교수님은
엄청난 공처가였다. 그래서 사모님에게 전화를 걸어 "제자
니토리라고 합니다. 교수님을 내일 아침까지만 빌려도 괜찮
으시겠습니까?"라고 말하며 거짓 알리바이를 만들어 드렸
다. 그리고 교수님에겐 "한 가지 부탁드릴 것이 있습니다. 제
가 혹시 백지 답안지를 내더라도 낙제는 면할 점수를 주셨으
면 합니다." 그러자 교수님은 어떤 답을 써내더라도 B는 주
겠다고 약속하셨다.

시험 당일. 나는 답안지에 "지난 번 니토리입니다. 잘 부탁
드립니다"라고 메모한 뒤 백지로 내 버렸다. 하지만 시험 결
과는 '0점'이었다. 깜짝 놀라 교수님 연구실로 한달음에 달
려갔다. 마침 손님과 말씀 중이셨지만, 1초라도 빨리 확인하
고 싶어 기다릴 수 없었다.

"교수님, 드릴 말씀이 있습니다."

"도대체 왜 그러는가?"

교수님은 버릇없이 들이닥친 제자를 향해 화난 목소리로 물으셨다.

"교수님이야말로 왜 그러시는 겁니까? 주점에서 하신 약속을 잊으셨습니까? 제가 왜 빵점입니까?"

나도 잔뜩 화가 나서 쏘아붙였다. 처음엔 어이없다는 표정으로 나를 바라보던 교수님이 잠시 후에야 누구인지 알아보는 듯했다. 갑자기 나를 옆방으로 끌고 가시더니 조용히 "이상한 답안이 있다고 생각했는데, 그때 그 니토리 군이 쓴 거였군. 이제 생각나네" 하고 달래 주셨다. 다음 시험부터 나는 필사적으로 '노력'했고, 간신히 'D' 학점을 받아 낙제를 면했다. 요행이 아닌 집념의 승리였다.

넘어졌다면, 일어나라!

깡패
아르바이트

명문대에 들어가서도 공부를 안 하기는 마찬가지였다. 역시나 강의는 귀에 들어오지 않았고, 수업 시간에는 늘 멍하니 앉아 있었다. 당시는 학생운동으로 사회가 시끄러울 때였다. 하지만 나는 학생들이 왜 그렇게 필사적으로 정부와 싸우려는지 이해가 되지 않았다. 2년 안에 반드시 졸업해야 하고, 학비도 벌어야 하는 현실 때문에 사회 전체로 시야를 넓히기가 쉽지 않았다.

당시 나는 아는 주점에서 아르바이트를 했다. 주로 하는 일은 밀린 외상값을 받아 내는 것이었다. 깡패 영화가 유행할 때라 나도 그런 영화의 주인공처럼 하고 다녔다. 머리를 바짝 올려 깎고 어깨에 잔뜩 힘을 넣은 채 건들거리며 걸었다. 지금 생각하면 부끄럽지만, 손님을 찾아가 외상값을 독촉할 때엔 예의고 뭐고 없었다.

일을 하러 갈 때면 고등학교 시절부터 귀여워하던 이웃 동생을 데려갔다. 외상값이 밀린 손님의 집이나 사업장에 들어서면 "실례합니다"라는 형식적인 인사말과 함께 외상값 청구서를 들이밀었다. 물론 그 정도론 아무도 돈을 내려하지 않았다. 그러면 덩치 큰 동생이 "언제까지 외상값을 안 갚을 거야! 혼 좀 나 봐야겠어!"라고 소리치며 주변 물건 몇 개를 집어던졌다. 이 모습을 보고 상대가 잔뜩 겁을 먹는 것 같으면, 내가 말리는 척하며 나섰다. 깡패 영화의 주인공처럼 시니컬한 미소를 날리면서, "돈을 안 내겠다고는 하진 않으셨잖아. 그렇죠, 손님?" 하고 상대에게 강요에 가까운 질문을 던졌다. 대부분은 잔뜩 굳은 표정으로 어쩔 수 없이 수긍하고 만다. 그리고 마지못해 외상값을 갚았다. 받은 돈을 주점 여사장한테 갖다 주면, "아이고, 이걸 어떻게 받아 낸 거야?" 하면서 깜짝 놀랐다. 그리고 기분 좋게 절반을 뚝 떼어 주었다.

그 외에 몇몇 아르바이트를 더 했는데 제대로 땀 흘려 일하는 경우는 거의 없었다. 파친코, 당구장, 스마트볼(파친코와 비슷한 사행성 게임-옮긴이)을 하러 다녔다. 특히 내기 당구를 잘 쳐 돈을 땄기 때문에 틈만 나면 당구장에 갔다. 스마트볼 업소에선 속임수를 쓰다가 발각되어 출입 금지를 당했다. 파친코 업소에도 한동안 열심히 다녔다. 뒤에서 기계를 조작하는 직원과 친분이 있었기 때문에 내가 할 때에는 공을 특별히 많이 넣어 달라고 부탁했다. 하지만 이 일이 곧 들통나 직원은 해고당하고 나는 출입 금지를 당했다. 정말 나쁜 일만 골라서 하고 다니던 시절이었다.

대학 다니며 가장 큰 도움을 받은 것은 야구부와 유도부 친구들이었다. 방학 때면 이 친구들과 아버지 회사 일을 도왔다. 나는 집을 짓기 전 기초공사의 감독을 맡아 웃통은 벗고 짧은 반바지 차림으로 현장을 돌아다녔다. 체육 동아리 친구들은 돈을 벌면서 체력을 단련할 수 있기 때문에 정말 열심히 일해 주었다. 이들이 부지런히 힘을 쏟자 공사는 척 척 진행되었다. 이때 감독인 내가 받은 돈은 회사원 평균 월급의 1.5배 정도였다.

우왕좌왕하며 공부 이외의 일에만 열정을 쏟았던 대학 생활을 2년 만에 무사히 마쳤다. 졸업논문은 다른 사람이 대신 써 주고, 영어 수업도 대리 출석으로 학점을 땄다. 전쟁이 끝나고 사회 시스템이 막 자리 잡기 시작하던 때라 가능했던 이야기였다. 결국 지식과 관련해서 배운 것은 하나도 없이 졸업하고 말았다.

제 3 장

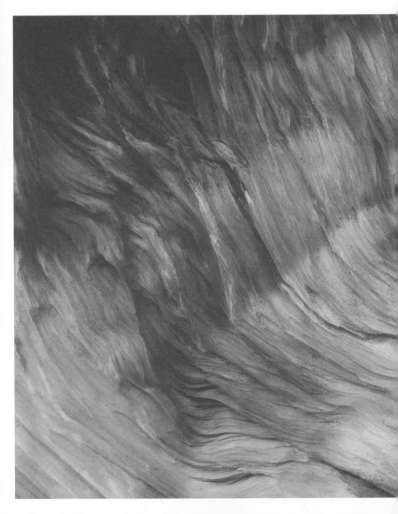

되는 일이 없던 시절

가출과
광고 회사 취직

1

966년 홋카이가쿠엔 대학을 '무사히' 졸업하고, 아버지가 경영하는 '니토리 콘크리트 공업'에 입사했다. 직원 수는 열서너 명이고, 집의 기초공사와 기와 만드는 일을 주로 했다. 나는 어릴 때부터 일을 도왔기 때문에 나름 10년 경력의 베테랑이었다. 아버지도 기다리고 있었다는 듯이 나를 반겼다.

하지만 일을 시작한지 얼마 안 된 그해 7월에 맹장염에 걸렸다. 수술이 늦어 유착이 일어나는 바람에 회복도 늦어졌다. 의사는 당분간 안정을 취하며 쉬라고 했지만, 부모님은 "집에서 놀고 있을 여유가 어디 있냐. 그냥 일해라" 하고 압박을 가하셨다. 부모님이 나를 대하는 태도는 여전했다.

일터로 돌아가 주택용 콘크리트 만드는 일을 했는데 수술 부위가 계속 아팠다. 어차피 자기 몸은 자기가 제일 잘 알기 때문에 스스로 지켜야 했다. 나는 어머니가 쌀 배달을 나간 사이를 틈타 짐을 싸서 가출했다.

당시 내 통장엔 5만 엔 정도가 있었다. 대졸 초봉이 1만 5,000엔 정도일 때였으므로, 그 돈이면 몇 달은 버틸 수 있었다. 가출한 직후 우선 삿포로 시내에 사는 친구를 찾아갔다. 앞에서 언급한 '불량 이성 교제' 사건으로 퇴학당한 고등학교 동창의 집이었다. 나는 친구가 쓰는 다락방에 잠시 빌붙어 지냈다. 이불 한 장을 남자 2명이 같이 덮어야 했고, 친구의 여자 친구도 수시로 드나들었다. 불편한 점이 한두 가지가 아니었다. 하지만 신원보증을 해 줄 사람이 없어 방을 구하기도 쉽지 않았다. 아무래도 숙소까지 제공해 주는 직장을 알아보아야겠다는 생각이 들었다.

그런 조건을 갖춘 회사는 찾기 어려웠지만, 다행히 한 군데를 발견했다. 도쿄에 본사를 둔 광고 회사 '교에이쿄교'였다. 이 회사의 삿포로 영업소는 시내 중심가의 경마장 앞에 있었다. 내가 할 일은 삿포로 시내버스에 붙이는 광고를 따내는 것이었다. 회사 사무실 말고도 도쿄에서 파견된 소장이 묵는 숙소가 갖추어져 있었는데, 직원들도 그곳에서 머물 수 있었다.

넘어졌다면, 일어나라!

쓸모없는
영업사원

중소기업들로부터 광고를 따오기로 하고 6개월간 고용계약을 맺었다. 한 달에 50만 엔의 광고를 따오는 것이 최하 기준선이었다. 그런데 나는 첫 달부터 한 번도 그 기준을 채우지 못했다. 가장 큰 원인은 이즈음에 생긴 대인공포증 때문이었다. 낯선 사람 앞에서 진지한 이야기를 하려고 하면, 갑자기 얼굴이 붉어지고 말을 더듬기 시작했다. 가뜩이나 만나기 어려운 광고주를 간신히 만난다 해도 말을 제대로 할 수 없었다. 벌건 얼굴로 우물거리다가 "도대체 뭐 하러 온 건가?"라는 핀잔과 함께 쫓겨나기 일쑤였다.

영업 실적이 최하 기준선을 채우지 못하면 그만두는 것이 원칙이었다. 하지만 나는 당장 갈 곳이 없었다. 그래서 외근을 나갔다 들어온 후, 식사 준비와 숙소 정리를 도맡아 하며 어떻게든 쫓겨나지 않으려 했다. 저녁 메뉴는 주로 이것저것 넣고 끓이는 찌개 요리로 했다. 선배 직원이 "만날 찌개냐? 지겹다"라고 불평한 뒤부터는 요리책을 뒤적이며 연구도 했다. 하지만 요리 실력은 조금도 나아지질 않았다. 매일매일 다른 메뉴를 생각해 내는 것도 고통이었다.

실적이 안 좋은 신입사원들이 연달아 해고되고 있었다. 나도 당연히 해고 대상이었다. 식사와 청소를 도맡아 하며 쫓

넘어졌다면, 일어나라!

겨나지 않으려고 안간힘을 쓰던 내게 눈이 번쩍 뜨일 만한 희소식이 있었다. 바로 화투였다.

알고 보니 소장은 화투광이었다. 하루도 화투를 치지 않는 날이 없었다. 저녁에 소장에게 불려가서 날이 밝을 때까지 화투를 치는 날도 있었다. 사실 나는 화투를 아주 잘 쳤다. 그래서 소장에게 진 적이 거의 없었다. 우리는 돈 내기 화투를 쳤는데, 어느새 소장이 갚지 않고 달아 둔 돈이 3개월치 월급을 넘어섰다. 재촉해도 줄 생각을 하지 않았다. 그래서 "제가 퇴사하게 되면 꼭 주셔야 합니다"라며 해고당하지 않을 구실을 만들었다.

광고 회사로부터
해고당하다

6개월이 지났다. 여전히 광고 계약은 따오지 못하고 있었다. 화투 덕분에 간신히 해고당하지 않고 버티고 있을 뿐이었다. 그런데 본사에서 이 사실을 알아 버렸고, 나를 해고하라는 명령이 떨어졌다. 소장은 어디선가 돈을 구해 빚을 갚으며, "미안하지만, 회사를 나가 줘야겠네"라고 말했다. 결국 나는 더 이상 버티지 못하고 해고당했다.

광고 회사에서 해고당한 후 이력서를 들고 대여섯 군데 회사를 돌아다녔지만, 취직은 쉽지 않았다. 무엇보다 주거지가 부정확했고, 보증인이 없는 것이 큰 문제였다. 온갖 노력 끝에 홋카이가쿠엔 대학을 간신히 졸업했는데 직장을 구하지 못하고 있었다. 가지고 있는 돈은 바닥이 드러났고, 밥을 굶게 될지도 모를 상황에 이르렀다. 친구 집을 돌아다니며 자는 것도 하루 이틀이지 미안해서 더 이상 못하겠다는 생각이 들었다. 오비히로나 아사히가와 같은 홋카이도의 여러 도시를 돌아다녔다. 결국 그만둔 광고 회사의 소장을 다시 찾아가 "무슨 일이든 맡겨 주십시오" 하고 매달렸다. 소장은 마지못해 다시 받아 주었고, 나는 수금, 버스 광고판 디자인, 스티커 붙이기 등의 일을 닥치는 대로 하기로 했다.

여전히 영업 능력은 형편없었고, 영업하러 다니고 싶은 마음도 전혀 없었다. 이 시절 나의 가장 큰 문제는 꿈과 비전이 없다는 점이었다. 하고 싶은 일이 없으니까 학교 다닐 때 푹 빠져 지냈던 스마트볼이나 당구를 하며 시간을 헛되이 보냈다. 어떤 날은 영화관이나 파친코 가게에 틀어박혀 하루 종일 있다가 퇴근 시간이 되면 열심히 일한 척하면서 회사로 돌아갔다. 상사가 "오늘 실적은 어떤가?" 하고 물어보는 것도 괴로웠지만, 그냥 월급만 받아가기도 미안한 일이었다.

일은 못했지만, 나이가 어리고 싹싹하다는 이유로 선배들에게 귀여움을 받았다. 숙소에서 저녁 설거지와 청소를 마치면 선배들이 나를 주점에 데려갔다. 이렇게 노는 재미가 보통이 아니었다. 우리는 삿포로 시내에 있는 레크리에이션 시설에도 자주 갔다. 이곳에 가면 우선 목욕을 하고, 연회장으로 가 밴드 연주에 맞춰 노래를 불렀다.

어느 날 우리 중 한 사람이 잔뜩 취해 객기를 부렸다. 신나게 노래 부르고 있는 다른 회사 사람에게 "야, 이 음치야!"라고 야유를 보냈다. 노래 부르던 사람의 회사 동료들이 우르르 일어나 우리 쪽으로 다가왔다. 우리도 술기운에 흥분해 모두 자리에서 일어났고 말릴 틈도 없이 싸움으로 번졌다. 연회장에 있던 다른 손님들은 다 도망가고 난리도 아니었다. 싸움에 휘말린 사람들은 엎치락뒤치락하다가 목욕 가운이 벗겨져 알몸으로 날뛰는 사람도 생겼다.

싸움은 끝날 기미가 안 보였고, 연회장만 난장판이 되어 갈 때였다. "이러지 말고 밖에서 정식으로 한 판 붙는 게 어때?" 누군가 소리쳤다. 스무 명 남짓한 사람들이 근처의 도요히라 강가로 우르르 몰려갔다. 알고 보니 상대는 대기업의 엘리트 직원들이었다. 강으로 나가는 사이에 점점 술이 깨면서 싸움에 말려든 걸 후회하는 눈치였다. 기세가 점점 약해지더니 결국 그들이 먼저 사과를 했다. 간신히 싸움이 끝났다.

오해를 부른
화투

고도 성장기였던 1960년대는 지금보다는 활기차고 풍요로운 시대였다. 놀기도 좋았고, 여유도 있었다. 그날도 우리는 레크리에이션 센터에서 쉬고 있었다. 선배가 "어이. 아키오. 가서 여자들 좀 꼬셔 봐"라고 부추겼다. 대학 때 열심히 갈고닦은 헌팅 실력을 발휘해 볼 기회였다. 함께 놀러온 여자들 대여섯 명이 눈에 들어왔다. 그곳으로 슬쩍 다가가 헌팅 작전을 펼쳤다. 결과는 대성공. 우리는 여자들과 어울려 다섯 군데 정도 장소를 옮기며 술을 마셨다.

여자들이 없어도 우리끼리 술을 마시며 돌아다니길 즐겼다. 그러다 한 선배는 단골 주점 아가씨와 정이 들어 결혼까지 했다. 두 사람이 결혼한 지 얼마 안 되었을 때였다. 선배 부인은 틈만 나면 "아키오 씨, 일 없이 한가하죠?" 하면서 나를 집으로 불렀다. 그녀도 소장처럼 화투에 미친 사람이었다. 당시 나는 '화투의 신'이라 불릴 정도로 기술이 무르익었다. 웬만한 상대는 마음대로 이겼고, 필요하면 져 주기도 했다. 그런 내가 마음에 쏙 들었을 것이다.

우리가 시간 가는 줄도 모르고 화투를 치고 있을 때였다. 선배가 그날따라 빨리 퇴근했다. 나를 발견한 선배는 "감히 내 여자한테 손을 대?" 하면서 식칼을 들고 쫓아왔다. 나는

"오, 오해입니다"라고 말했지만 들으려고 하지 않았다. 부리 나케 맨발로 도망치는 수밖에 없었다. 다행히 그녀가 "화투 같이 치자고 내가 먼저 불렀어요"라고 해명해 주어서 소동 은 가라앉았다. 오해는 풀렸지만, 나도 잘못한 것은 사실이 었다. 다음날 선배 앞에 무릎 꿇고 깊이 사죄했다.

여자 문제가
부른 위기

에너지는 있으나 희망은 없었던 20대였다. 꿈과 비전이 없었던 나는 정말 한심한 인간이었다. 요즘으로 치자면 락카페 같은 곳을 들락거리다 병원에서 근무하는 여자와 사귀게 되었다. 결혼까지 생각했기 때문에 아예 그녀의 자취방에서 살다시피 했다.

그런데 어느 날 그녀의 방에 들어가려는데, 남자 목소리가 들렸다. 얼른 집 밖으로 나가 차에서 기다렸다. 잠시 후 남자가 나와서 쫓아가 보니 내 친구였다.

"인마, 내 여자를 건드리다니. 도대체 어쩌자는 거야?"

내가 다그치자 친구는 얼른 사과했다.

"죽을죄를 졌다. 미안해. 다시는 그 여자 옆에 얼씬도 안 할게."

하지만 나 역시 그녀에게 돌아가고 싶은 마음이 없었다. 결국 우리는 헤어지기로 했다.

그러고 얼마 후 그녀가 아버지와 함께 나를 찾아왔다. 그녀의 아버지는 "이봐, 하나밖에 없는 우리 딸을 흠집 냈으니

책임을 지게"라고 엄하게 말했다. 하지만 난 다른 남자와 바람 핀 여자랑 결혼하고 싶지는 않았다. 딱 잘라서 거절했다. 그러자 "우리 집은 운송업과 큰 양품점을 하고 있네. 우리 딸과 결혼하면 자네에게 물려주지. 일은 종업원들이 알아서 할 테니 걱정 말게"라고까지 말했다.

나는 친구에게 도움을 청하기로 했다.

"제발 부탁이니까 너하고도 사귀었다고 말해 줘."

친구는 마지못해 승낙했다.

딸이 나랑 사귀면서 내 친구와 바람을 피운 이야기를 듣자 아버지는 깜짝 놀랐다. 더 이상 결혼을 강요하지 않고 힘없이 부탁했다.

"알겠네. 그래도 이별 위자료는 성의껏 주기 바라네. 우리 딸을 삿포로에서 고향까지 바래다줄 수 있겠나?"

나는 단기대학 동창과 함께 그녀를 차에 태워 고향까지 데려다주기로 했다. 중간에 치토세 시의 주차장에 차를 세워두고 잠깐 쉬었다. 그런데 갑자기 그녀가 도망치기 시작했다. 고향에 돌아가면 다시는 삿포로에 못 올 것 같기 때문에 그러는 것 같았다. 우리는 얼른 쫓아가 그녀를 붙잡아 억지로 차에 태웠다. 그런데 그녀가 안 가겠다고 버티며 소리치는 모습을 보고, 지나가던 행인이 경찰에 신고하고 말았다.

거짓말과
유치장

경찰관이 달려오자 그녀는 "이 사람들이 나를 납치하려고 해요"라고 거짓말을 했다. 나는 "아닙니다. 정말 아닙니다" 하고 강력하게 부인했지만, 경찰은 그 말을 믿지 않았다. 결국 우리는 유치장에 갇히고 말았다. 왜 이런 일을 당해야 하는지 그저 멍해질 뿐이었다. 그런데 몇 시간 후 경찰관이 오더니 "석방입니다"라고 하면서 우리를 풀어 주었다. 그녀가 아무래도 너무했다는 생각이 들었는지 돌아와서 진실을 이야기했다고 한다.

다시 그녀를 차에 태워 본가에 도착하니 새벽 2시쯤 되었다. 그녀의 아버지는 고생했다면서 자고 가라 했지만, 나는 그 길로 다시 삿포로로 돌아왔다. 하지만 나쁜 일은 한꺼번에 오는 법이다. 어두운 도로에서 타이어가 펑크 나고 말았다. 하는 수 없이 친구와 나는 날이 밝을 때까지 차 안에서 잤다. 내가 직접 겪고 있으면서도 너무나 황당해서 영화 같은 이야기라는 생각이 들었다. 그녀의 아버지는 내가 가구점을 개업한 뒤 가게로 찾아와 위자료를 직접 받아 갔다. 그 이야기는 뒤에서 다시 하겠다.

광고 회사에 다시 들어가 6개월 동안은 정말 재미있게 지냈다. 하지만 영업 실적은 역시나 형편없었다. "자네는 조금도 나아지질 않아. 이번엔 어쩔 수 없네"라는 말과 함께 다시

넘어졌다면, 일어나라!

해고당하고 말았다. 그 후 예닐곱 개 회사의 면접을 보았지만 모두 불합격이었다.

삿포로 시내를 힘없이 건들거리며 걷다가 삼촌을 만났다. 삼촌은 아버지가 운영하는 니토리 콘크리트 공업의 전무였다.

"언제까지 이렇게 형편없이 살래? 직장이 없으면 내가 하는 일이라도 도와라."

나는 그 길로 회사에 복귀했다. 나는 삼촌이 맡은 아사히카와 시 수도 공사의 현장감독 조수가 되기로 했다.

1년 만에
집으로

일을 다시 시작하는 것은 좋았지만, 집에는 그다지 들어가고 싶지 않았다. 하지만 어쩔 수 없었다. 1년 만에 집에 돌아왔더니 아버지가 평소 잘 안 드시는 술을 마시고 계셨다.

"말도 없이 가출해서 죄송합니다. 지금부터 아사히카와 시에서 일하겠습니다."
"뭐 하러 들어왔어?"

아버지는 화를 내며 술병을 집어던졌다. 베란다 유리가 와장창 부서졌고, 삼촌과 나는 놀라서 도망쳐 나왔다. 속으로는 아들이 돌아온 것이 기뻤을지 모르겠지만, 겉으로는 변한 점이 하나도 없으셨다. 어머니는 웬일인지 내가 걱정이 되어 점쟁이를 찾아갔다고 했다. 점쟁이가 "삿포로에서 잘 지내고 있어. 괜찮아"라고 해서 안심했다며, 돌아온 내게 별로 화도 내지 않으셨다.

아사히카와 시에서 감독 조수를 하며 측량 같은 기술도 배웠다. 두 달 후 다키가와 시에서 수도 공사를 하게 되자, 10명 정도 인부들과 함께 하는 현장의 감독을 맡기로 했다. 상수도를 가정까지 연결해 주는 일이었다. 겨울에는 영하 10

도까지 내려가기 때문에 아주 추웠다. 현장에 있는 드럼통 안에 나무와 기름을 넣고 불을 붙여 추위를 면했다. 드럼통 안에 가솔린을 붓고 불을 붙이면 밤하늘을 배경으로 활활 타오르는 불꽃이 진풍경을 이루었다.

감독이 된 것은 기뻤지만 현장 인부들을 다루기가 쉽지는 않았다. 일부는 예전부터 니토리 콘크리트에서 일하던 직원들이지만, 절반 이상이 전국에서 모여든 뜨내기 인부들이었다. 이들의 우두머리는 몸에 문신을 새기고 인상이 험악한데다 체중이 100킬로그램은 넘어 보이는 거인이었다. 이 사람이 이끄는 무리는 낮부터 술을 마시고 힘든 일은 하지 않으면서 빈둥거렸다. 자연스레 니토리에서 오래전부터 일해 온 직원들이 힘든 일을 도맡았고, 불만도 점점 커졌다.

넘어졌다면, 일어나라!

힘, 스모, 화투, 술로
승부하다

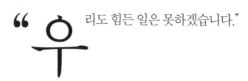**"우**리도 힘든 일은 못하겠습니다."

직원들이 불만을 터뜨리며 파업에 들어갔다. 나도 더 이상 참지 못하고 뜨내기 인부들의 우두머리를 불러 "힘든 일을 모두 공평하게 나눠서 하세요"라고 부탁했다.

"우리한테 불만이 있다 이겁니까? 그럼 모두 다 데리고 떠나겠소."

우두머리는 오히려 자신들이 떠나겠다고 협박을 했다.

"그럼, 어떻게 해야 내 말을 들어주겠소?"
"힘, 스모, 화투, 술로 겨루어 봅시다. 이 네 가지에서 나를 모두 이기면 당신 말을 듣지."

화투나 술로 겨룬다면 이길 자신이 있었다. 스모도 잘하기는 하지만, 상대의 체구가 너무 컸다. 먼저 화투를 쳤다. 가뿐하게 내가 이겼다. 힘겨루기는 70~80킬로그램쯤 되는 돌을 들고 누가 더 멀리 갈 수 있는지 보는 것이었다. 어려서부터

넘어졌다면, 일어나라!

공사 현장에서 돌을 날랐기 때문에 이 또한 나의 승리였다. 다음은 스모였다. 당시 내 몸무게는 겨우 60킬로그램이었는데, 그의 거구를 밀고 당기며 필사적으로 달려든 끝에 간신히 이겼다. 거의 기적이었다. 이때부터 그가 나를 보는 눈빛이 달라졌다. 마지막으로 술 시합이 남아 있었다. 서로 지지 않고 마셔대는 통에 승부가 나지 않았다. 이 이상 마시면 큰일 난다며, 주위에서 우리 둘을 갈라놓았고, 무승부로 하기로 했다.

"대학 나온 샌님이 생각보다 제법이군. 좋소. 지금부터 당신이 하자는 대로 합시다."

그가 먼저 내게 화해를 청했다.

"야, 우리 감독 대단해."

창업 때부터 근무한 고참 직원들도 감탄했다. 이즈음 나는 잠잘 시간도 아끼며 일했고, 월급은 인부들을 데리고 가 술을 사는 데 다 써 버렸다. 우리 팀은 삿포로, 구시로, 아사히카와 등 홋카이도 내 어떤 현장보다도 팀워크가 좋고 공사

속도도 빠르고 이익률도 높았다.

　뜨내기 인부들을 다스려 가며 다키가와 시 공사를 성공적으로 이끌어 가는 기쁨도 잠시였다. 또 다른 시련이 찾아오고 있었다. 어느 눈발이 흩날리는 밤 현장 사람들과 술을 마시고 있는데 소방차 사이렌 소리가 요란하게 울렸다. '어디서 불이 났나 보군. 큰일이네'라고 생각하면서 술잔을 기울이는데 아무래도 기분이 좀 이상했다. 사이렌 소리가 너무 가까이서 들렸다. 불길한 마음에 마시던 술을 팽개치고 공사 현장으로 달려갔다. 하지만 이미 늦었다. 직원 숙소에서 불이 나 몽땅 타 버리고 재만 남아 있었다. 누군가 난롯불을 제대로 끄지 않고 나왔던 것 같았다. 그동안 모아 둔 월급을 몽땅 잃어버린 사람도 있었다. 피해가 너무 커서 더 이상 공사를 진행할 수 없었다. 일단 현장을 해산하기로 했고, 감독인 나는 책임을 지고 물러나야 했다.

넘어졌다면, 일어나라!

제 4 장

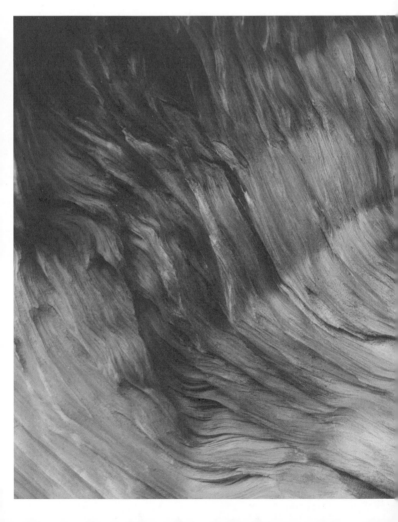

모두에게 풍요로운 생활을

가업을
포기하다

이제 와서 다시 현장 말단 직원으로 돌아갈 수는 없었다. 망연자실한 상태로 며칠을 지내다가 삿포로의 본가로 돌아갔다. 집에 들어갔더니 아버지가 내 앞날에 대해 생각지도 못한 말씀을 하셨다. 니토리 콘크리트 공업을 물려받는 문제에 대해 다시 생각해야 했다.

"회사가 매년 적자라 더 이상 계속하지 못할 것 같다. 이쪽은 장래성이 없다. 네 앞길을 찾아봐라."

입사하자마자 '상무'로 승진했었는데, 다시 백수로 돌아오고 말았다. 무얼 해서 벌어먹고 살아야 할지 막막했다. 이것저것 궁리하기 시작했다.

실제로 아버지는 내가 창업하자 얼마 안 있어 니토리 콘크리트 공업을 정리했다. 자신이 하던 사업을 고집하지 않고 깨끗이 단념한 아버지의 판단은 옳았다.

마침 니토리 콘크리트 공업이 소유한 30평짜리 건물이 있었다. 내가 중고등학교 다닐 때는 어머니가 그곳에서 잡화점을 운영했다. 가끔 어머니 대신 가게를 보기도 했었다. 생과자를 무게를 달아 팔았는데 귀엽게 생긴 아이가 오면 양을 더 많이 주곤 했다. 대학생이 되면서부터는 회계장부도 맡아서 관리했다. 그런데 돈을 보자 욕심이 생겼고, 종종 장부를 조작해 돈을 빼돌려 용돈으로 썼다. 곧 어머니에게 들켰고, "넌 해고야"라는 말과 함께 쫓겨났다.

어머니는 평소 거래가 있던 은행원에게 회계장부를 맡겼다. 하지만 이 은행원도 그다지 정직한 사람은 아니었다. 그역시 장부를 조작해 어머니를 속이고 돈을 가져갔다. 그는 나중에 주차 중인 차에서 물건을 훔치다 체포되기도 했다. 이처럼 연달아 사람들에게 배신당하다 보니 어머니는 점점 의심이 많아질 수밖에 없었다.

가구점을
창업하다

결국 어머니는 잡화점을 그만두고 가게를 세놓았다. 파친코 가게가 들어와 영업을 했는데, 가게에서 불이 나 내부가 몽땅 타 버렸다. 그 뒤로 가게는 계속 비어 있었다. 다른 파친코 가게가 들어오고 싶어 했지만 어머니는 더 이상 세를 놓으려 하지 않으셨다. 차라리 우리가 그곳에서 장사를 해 보자고 하셨다.

가게 주변에는 귀국자 주택을 비롯해 집들이 꽤 많았다. 그렇다보니 주민들의 의식주와 관련된 가게들도 많았다. 그런데 유독 가구점만 보이지 않았다. 의자 하나라도 사려면 시내 중심가까지 나가야 했다. 주변에 경쟁 상대가 없다는 점이 무엇보다 마음에 들었다.

당시엔 가구업의 장래성이라든가 가능성 따위는 안중에도 없었다. 당연히 체인점을 개설한다는 것은 꿈도 꾸지 않았다. 당장 먹고살기 위해 가구를 팔아 보겠다고 생각했을 뿐이다. 하지만 아는 동업자도, 도매상도 없었다. 주변을 수소문해 보니 먼 친척 중에 가구점에서 일했던 사람이 있었다. 나는 몇 시간 걸려 그를 찾아가 사정을 이야기하고 간신히 도매상을 소개받기로 했다.

우리는 근처를 돌며 도매상들을 만나 보았다. 하지만 대부분은 상대도 하지 않으려 했다. 겨우 어느 도매상의 간부와

면담을 할 수 있었는데, "자네, 이제 23살이라고? 아직은 무리야. 다른 회사에서 좀 더 경험을 쌓아 봐"라는 충고만 들었다. 나는 "회사 생활은 맞지 않습니다. 물건값은 준비되어 있습니다"라고 사정하며 매달렸다. 사실 내게는 아버지와 지인들로부터 투자금 명목으로 받은 100만 엔이 있었다. 하지만 그는 리스크가 크다고 생각했는지 물건을 팔려고 하지 않았다.

이 회사든 저 회사든 돌아오는 것은 모두 거절뿐이었다. 그런데 마지막이라 생각하고 찾아간 '혼다코산'에서 40세 전후의 영업부장이 내 이야기를 들어 보겠다고 마주 앉았다. 나는 그때까지 도매상들에게 거절당한 이야기를 하며, "저는 젊고 의욕이 넘칩니다. 회사도 그만두었고 이제는 이 길밖에 없다고 생각하고 있습니다. 무엇이든 할 테니 부디 가르쳐 주십시오"라고 간청했다. 그러자 "정말 어떤 말이라도 들을 텐가? 마침 우리도 소매 쪽에 관심이 있던 참이야. 우리 회사 방침에 따라 거래를 해 보겠나?"라고 응해 주었다. 그리고 다른 도매상의 부장에게도 전화를 걸어 "어떻게 하면 팔릴지 실험해 본다는 생각으로 거래해 보게" 하면서 우리 가게를 소개해 주었다.

영업부장은 소파, 찬장, 식탁부터 매장에 들여놓을 수 있

• 도록 손을 써 주기로 했다. 준비 과정에서 "이건 어때요?"라고 간간이 질문도 했지만, 워낙 아는 게 없었기 때문에 깊이 생각하고 판단할 여지는 없었다. 결국 "네, 잘 부탁드립니다"라고 고개 숙이면서 영업부장이 추천하는 대로 물건을 들여왔다. 가게 홍보용 전단지는 내가 직접 만들었다. 가구 사진은 한 장도 없고, 상품 이름과 크기만 일일이 늘어놓은 뒤 가격을 빨간색으로 눈에 띄게 표시했다. 조잡하기 짝이 없는 전단지였다.

1967년 12월 드디어 니토리 1호점이 삿포로 시에서 문을 열었다.

넘어졌다면, 일어나라!

이미지를 우선으로,
간판에는 거짓말을

가구점 이름은 '니토리 가구 도매 센터 북지점'이 었다. '도매'는 물건값이 싸다는 이미지, '센터'는 매장이 크고 종류도 많다는 이미지를 주기 위한 것이었다. 또 다른 곳에 본점이 있다고 생각하도록 만들기 위해 '북지점'이란 말도 넣었다. 손님이 "본점은 어디에요?"라고 물어보는 경우도 있었다. "여기서 차를 타고 1시간 정도 가면 됩니다. 그쪽으로 가시겠습니까?"라고 대답하면 그것으로 끝이었다. 내가 생각해도 지나치게 잔머리를 굴리며 만들어 낸 간판이었다.

전단지를 돌렸을 뿐인데, 처음엔 가구가 꽤 팔렸다. 하지만 개점 후 1주일 정도가 지나자 손님이 확 줄었다. 한 달 판매액이 60만 엔 이하면 적자인데, 40만 엔 정도밖에 되지 않았다. 도매상은 "어떻게 해야 할지 막막하군. 이대로 가면 망하는 것도 시간문제야"라는 말까지 했다. 그러면서도 물건 대금은 정확하게 제 날짜에 딱딱 받아 갔다. 아르바이트도 종업원도 없이 혼자 아침부터 저녁까지 일했다. 혹독한 입문 과정이었다.

1967년 2월에 개업하고 4개월 정도가 지났지만 '니토리 가구 도매센터 북지점'의 매출은 올라갈 기미가 보이지 않았다. 고등학생인 여동생이 학교를 마치면 가게에 나와 배달을 조금 도와줄 뿐, 더 이상 종업원을 고용할 여유도 없었다. 평일엔 더더욱 손님이 없었는데, 나는 문제를 해결할 생각은 하지 않고 만화 잡지에 푹 빠져 시간을 보냈다. 배달이 있는 날에는 오후 4시면 가게 문을 닫았다. 그러자 주변 상가에서 분위기를 흐린다고 불평을 했다.

간판에 '니토리(似鳥)'라고 한자로 썼더니 '야키토리야(닭꼬치구이 가게-옮긴이)'인 줄 알고 들어오는 사람도 있었다. 그때부터 가구 가게 이름을 한자가 아닌 히라가나(우리의 한글과 같은 일본 고유 문자-옮긴이) 혹은 가타가나(외래어나 강조하는 말을 표기하는 일본 문자-옮긴이)로 표기하게 되었다.

나는 가게 2층에서 숙식을 해결했는데, 돈을 못 버니 먹는 것도 변변치 않았다. 하루 세 끼를 모두 15엔짜리 즉석 라면으로 해결했다. 결국 영양실조 상태가 되어 시력이 나빠지고 각기병 증세가 나타났다. 손님과 웃으며 이야기를 나누고 있는데, 잇몸에서 피가 나 당황한 적도 있었다. 그런 일이 있을 때마다 혹시 상대방 기분을 상하게 했을까 봐 전전긍긍했다.

보다 못한 어머니가 가게로 찾아와 식사 준비를 해 주기 시작했다. 밥을 제대로 먹게 되자 몸 상태가 많이 좋아졌다. 하지만 장사는 여전히 잘되지 않았다. 원래부터 나는 영업과 거리가 먼 사람이었다. 광고 회사에서도 상사나 선배들의 귀여움을 받으며 잘 지냈지만, 영업 실적이 나빠서 해고당할 수밖에 없었다. 낯선 사람 앞에 서면 온몸이 딱딱하게 굳으며 긴장되었고, 땀이 흐르면서 심장이 벌렁거렸다. 손님에게 할 말이 떠올라도 막상 입 밖으로 내서 차분하게 대화를 이어 가는 것은 불가능했다. 나도 모르게 말을 더듬었다.

여덟 번의 맞선 끝에 만난 아내

상스런 내 모습을 마음에 안 들어 하던 어머니가 제안을 하나 하셨다.

"결혼해라. 그러면 아내가 밥도 해 주고 빨래도 해 주잖니? 가구 영업이랑 배달도 도와줄 거다."

어머니는 좋아하는 여자가 있으면 얼른 데려오라고 재촉했다. 마침 대학 때부터 알고 지내면서 마음에 둔 아가씨가 있었다. 나는 그녀를 어머니에게 인사시켰다.

"좋은 아가씨구나. 하지만 미인은 손님들이 질투하는 법이다."

어머니는 그 아가씨를 별로 마음에 들어 하지 않았다. "애교 있고, 튼튼해서 무던하게 오래 버틸 사람을 데려와라"라고 하셨다.

그때부터 맞선을 보기 시작했다. 몇 달 사이에 일곱 번이나 보았지만 잘되지 않았다. 내가 마음에 들어 해도, '부모님을 모시는데다 일도 많이 해야 하는 집' 혹은 '가게 경영 상태가 별로'라는 이유로 다들 싫어했다. 하지만 그해 봄 여덟 번째 맞선은 좀 달랐다. 지금의 아내 모모요를 만났기 때문이다.

모모요는 홋카이도 오코쓰베가 고향이었다. 삿포로 시에서 양재학교를 다니며, 여동생과 아파트에 세 들어 살고 있었다. 마침 그 집 주인이 어머니와 친구 사이라 그녀를 내게 소개해 주었다. 두 번 정도 만났는데 이번에도 역시 모모요가 먼저 "좋아하는 사람이 있어요"라며 그만 만나자고 했다. 나중에 알고 보니 결혼하기엔 너무 이르다는 생각에 거절한 것이었다.

그런데 며칠 후 집에 돌아와 보니 모모요가 부모님과 함께 있었다. 두 분 모두 모모요를 무척 마음에 들어 했다. 아버지는 모모요가 가고 나서 "야, 정말 좋은 아가씨다. 결혼해라" 하고 재촉했다. 모모요는 부모님의 설득에 못 이겨 집에 다녀가는 길이라고 했다. 아버지는 모모요가 가구점 운영에 흥미를 보인다고 기특하게 여겼다. 어머니도 "내일 아침까지는 결정해라" 하며 강경하게 나왔다.

결국 나는 모모요와 결혼하기로 했고, 1968년 6월 16일 삿포로 로얄 호텔에서 부부의 연을 맺었다. 그때까지 우리가 단둘이서 데이트한 것은 딱 세 번이었다.

아내는 애교 있고 붙임성이 좋았다. 게다가 고등학교 때 줄곧 반장을 도맡았을 정도로 통솔력도 있고 배짱도 두둑했다.

가구점의 채산이 맞으려면 연매출이 700만 엔은 되어야 했다. 그런데 개업 초기 연매출은 500엔에 지나지 않았다. 하지만 모모요가 판매에 나서면서 변화가 보이기 시작했다. 그녀는 매출을 올리는 데 재능이 있었다. 결혼 1년 후 매출은 1,000만 엔으로 늘어났고, 주거용으로 쓰던 2층까지 매장으로 사용하게 되었다. 그 다음해에는 매출이 1,500만 엔까지 늘어났다. 아내는 결혼한 이듬해 태어난 장남을 등에 업고 매장에 나와 손님을 맞을 정도로 장사에 열심이었다.

덕분에 나는 배달과 물건 구입에만 전념할 수 있었다. 이런 역할 분담이 니토리 가구 1호점을 성장시킨 가장 큰 비결이었다. 만일 내가 판매에 재능이 있었다면 니토리는 그저 잘되는 가게 정도로만 그쳤을 것이다. 하지만 내가 잘하지 못하는 판매를 포기하고, 구매와 도매상 확보에 전념하자 니토리는 날개를 펴고 성장하기 시작했다.

내조의 공

아내는 마음이 넓고 침착한 여성이다. 웬만한 일로는 조금도 동요하지 않는다. 내가 한 달 동안 연락을 안 한 적도 있는데, 그때도 아무런 불평도 하지 않았다. 젊었을 때에는 부모님을 모시고 살면서 아이들을 키우고 가구점 일까지 도왔다. 눈코 뜰 새 없이 바쁜 생활이 계속되다 보니 몸이 지치고 아플 때도 있었다. 하지만 어떤 경우에도 불평 한마디 없었다. 심지어 처음에 결혼할 사람으로 어머니에게 인사시켰던 '미인 여자 친구' 사진을 앨범에 끼워 두어도 잔소리 한 번 하지 않았다.

대학 때 잠깐 사귀었던 여성이 결혼 후 가구점에 찾아온 적도 있었다. 서로 함께 알고 지내는 친구가 입원했기 때문이었다. 둘이 같이 병문안을 다녀왔는데, 이번에도 아내는 질투도 잔소리도 없었다. 일과 관련된 문제만 아니면 내게 이래라저래라 한 적이 한 번도 없는 여자였다. 덕분에 나는 마음 편하게 일에만 집중할 수 있었다.

한 번은 아내가 "밖에서 낳은 아이가 있으면 데려와요. 잘 키워 줄 테니까"라고 아주 진지한 얼굴로 말했다. 물론 그런 일은 결코 없다. 나 역시 믿고 따라 주는 아내의 의견이나 취향을 존중하려고 노력했다.

부부 관계에 대해선 일찍이 어머니가 해 주신 명언이 있다.

"결혼과 연애는 다른 거야. 연애는 짧지만 결혼 생활은 50년 이상 간다. 그러니 장기적으로 내다봐라. 계획을 잘 세워야 한다."

나는 이 말을 듣고, '꿈과 비전을 가지라는 말씀이구나. 회사 경영에도 참고할 만해'라고 생각했다. 연애는 순간순간을 즐기는 것이지만, 결혼은 오랜 기간 동안 최적의 상태를 유지하면서 끌고 가야 하는 경영을 닮았다. 부부가 서로 속박하고 질투하며 부정적인 에너지를 내뿜는 것은 시간 낭비다. 출발점부터 될 수 있으면 빨리 역할을 분담하고 비전과 꿈을 공유하면서 좋은 관계를 다져가야 한다.

젊었을 때는 주점을 돌며 술을 마시다 늦게 들어간 날도 많았다. 그때도 아내는 불평 한마디 없이 평소와 다름없는 태도로 대해 줬다. 아내의 이런 통 큰 배려가 니토리 성장의 원동력이었다고 생각한다.

아내와 함께한 뒤부터 '훌륭한 내조' 덕분에 니토리 가구의 매출이 쑥쑥 올라갔다. 니토리 가구가 성장 궤도를 달리는 동안 아내가 보여 준 활약상은 한두 가지가 아니었다.

아직 신혼이었던 시절 주먹깨나 쓰는 시장통 불량배들이 매장에 들어왔다. 근처에선 이들이 나타나면 모두 두려위 피하거나 굽신거렸다. 이들 중 우두머리가 소파를 가리키며 "이거 반값으로 하나 줘"라고 성난 목소리로 위협하듯 말했다. 아내는 침착하게 "그건 좀 곤란합니다"라고 대답했다. 그러자 그들 중 두세 명이 흙발로 소파에 올라가 지분지분 밟아 댔고, 소파는 순식간에 더러워졌다.

아내는 더러워진 소파를 보고 더 이상 상품으로 팔 수 없다면서 "변상하세요"라고 요구했다. 그러자 상대방은 오히려 "당신, 지금 내가 누군지 알고 이러는 거야?"라고 화를 내며 협박했다.

아내는 조금도 기죽지 않고, 침착하게 다시 변상하라고 했다. 곧 두 사람 사이에 언쟁이 일어났지만, 결국 끈기에 밀려 먼저 백기를 든 것은 불량배 우두머리였다. 그는 "좋아. 집으로 받으러 오면 내가 변상하지"라고 했다.

아내는 정말 불량배의 집으로 찾아갔다. 나는 무슨 일이라도 벌어지지 않을까 가슴을 졸이며 기다려야 했다.

아내가 돌아와 그 집에서 벌어진 일을 얘기해 주는데, 나도 모르게 웃음을 터트리고 말았다. 불량배는 집에서 도베르만 두 마리를 키우고 있었다. 그런데 아내가 보는 앞에서 개들에게 생고기를 던져 주며 공포 분위기를 조성했다고 한다. 도베르만들은 날카로운 이빨을 드러내고 고기를 뜯으며 으르렁거렸다. 하지만 아내는 조금도 겁먹거나 떨지 않고 차분하게 "그건 무슨 고긴가요?"라고 물었다. 당시엔 고기가 아주 귀했기 때문에 도대체 무슨 고기이기에 개에게 주는지 궁금했다고 한다.

불량배가 어이없어 하며 "개가 무섭지도 않은가?"라고 묻자, 아내는 차분하게 "사람도 먹기 어려운 걸 개한테 주다니… 고기가 너무 아깝네요"라고 대답했다. 순간 상대방은 김이 빠졌고, "당신 배짱이 보통이 아니야"하며 항복하고 말았다. 결국 그는 자신이 구둣발로 밟아 댄 소파를 사기로 했다. 뿐만 아니라, 나중에 가끔 가족과 지인들도 소개해 주는 단골이 되었다.

아내를 믿고 찾는 단골 고객들 중에는 자동차 판매 회사나 여러 개의 체인점을 거느린 외식업체 사장님 같은 부자들도 있었다. 이런 사람들은 물건값을 잘 낼 뿐만 아니라 다른 손님도 많이 소개해 주었다. 특히 자동차 판매 회사 사장님은 자기 회사 직원들까지 단골로 만들어 주었다. 덕분에 니토리의 매출이 쑥쑥 오르고 조금씩 여유가 생겼다.

옛 여자 친구에게
위자료를

하지만 나는 아직도 마음을 잘 잡지 못한 상태였다. 물건 구입과 배달을 맡고 있었지만, 그리 열심히 하지는 않았다. 가게 돈을 슬쩍 가져다 나쁜 친구들과 술을 마시거나 파친코에 다니는 데 재미를 붙였기 때문이다.

파친코 앞에 배달 트럭을 주차하면 들키니까 최소 100미터 이상 떨어진 곳에 차를 대 놓았다. 하지만 트럭에 '니토리 가구'라고 적혀 있기 때문에 어디에 세워 놓아도 금방 눈에 띄었다. "매일 밤 술을 마시는 건 상관없어요. 하지만 손님을 너무 기다리게 하면 곤란해요. 배달은 확실하게 해야 해요"라고 아내에게 한소리 듣기도 했다.

더운 여름 날, 배달을 갔다가 아주 미인인 집주인에게 맥주와 안주를 대접 받았다. 시원한 맥주로 목을 축이며 웃고 떠들다 보니 2시간이 훌쩍 지나갔다. 그때 갑자기 아내가 배달 트럭에서 기다리고 있다는 사실이 생각났다. 황급히 돌아가 보니 아내는 이미 어디론가 사라지고 없었다. 나는 얼른 시동을 걸어 집으로 왔다. 짐을 싸고 있던 아내는 나를 보더니 서슬이 퍼런 얼굴로 "헤어져요"라고 말했다. 여자 문제보다는 일을 태만하게 하는 모습에 화가 폭발해 버렸던 것이다. 이번만은 아내가 결코 그냥 넘어가지 않을 것이라는 생각이 들었다. 무릎을 꿇고 머리를 바닥에 조아리며 용서를 빌었다.

그 사건의 파장이 겨우 가라앉은 어느 날 매장으로 한 남성이 찾아왔다.

"나를 기억하겠습니까? 니토리 씨가 광고 회사에 다닐 때 사귀었던 여성의 아버지입니다."

한때 결혼까지 생각하고 깊이 사귀었지만, 친구와 바람난 것을 알고 헤어졌던 여자의 아버지였다. 그가 딸을 데리고 찾아와 결혼을 강요했다는 이야기는 앞에서 했다.

"아. 물론입니다. 오랜만에 뵙습니다. 그런데 어쩐 일로?"

그는 사업이 잘되지 않아 딸의 결혼 비용을 충분히 대 줄 형편이 못 된다고 하소연했다. 우리 매장에 찾아온 이유는 1만 엔 정도 내고 혼수 가구를 사기 위해서였다. 하지만 이야기를 더 나누다 보니 예전에 약속했던 이별 위자료를 주지 않았기 때문에 그에 해당하는 가구를 받으러 왔다는 것을 알게 되었다.

넘어졌다면, 일어나라!

나는 아내 앞에 다시 한 번 무릎을 꿇고, 지난 이야기를 모두 털어놓았다. 그리고 또다시 아내의 분노가 폭발하면 어쩌나 싶어 가만히 눈치를 살폈다. 하지만 아내는 특유의 침착한 표정으로 "당신이 잘못했네요"라며 원하는 만큼 가구를 내주라고 했다.

　옛 여자 친구의 집으로 거의 트럭 한 대 분량의 가구가 실려 갔고, 이는 한 달치 매출과 맞먹었다. 배달을 마치고 돌아오자, 아내는 "이번 달부터 당신 용돈은 없어요"라고 못 박았다.

　내가 혼수 가구를 마련해 준 '그녀'를 나중에 우연히 또 만났다. 1976년 니토리 데이네점을 개장할 때였다. 매장 앞에서 오픈 행사 준비를 하다가 지나가는 행인과 눈이 마주쳤는데 그녀였다. 옆에는 남편으로 보이는 남자가 서 있어 뭐라 인사를 건네야 할지 난처했다. 그러자 그녀가 먼저 남편에게 "학교 선배예요"라면서 나를 소개시켜 주었다.

　남자들은 이런 돌발 상황에 어쩔 줄 몰라 하는데 여자들은 임기응변으로 잘도 대처하는구나 하고 감탄했다.

거짓으로 받아낸
융자

니토리가구 1호점의 경영이 궤도에 오르자 매출이 점점 늘어났다. 내게도 변화가 생기기 시작했다. 경영이 재미있어지고, 사업을 키우고 싶은 의욕이 샘솟았다. 하지만 1호점에는 주차장도 없어 사업 규모를 키우는 데 한계가 있었다. 그래서 아버지가 경영하는 니토리 콘크리트 공업 소유지에 2호점을 열어야겠다고 생각했다. 당장 1,500만 엔 정도 자금을 마련해야 했다. 아버지가 "넌 젊어서 그 큰돈을 대출받기가 어려울 거다. 만일 대출만 받으면 땅은 빌려주마"라고 말했고, 나는 호쿠요 은행으로 갔다.

은행 융자 담당 직원은 "반 정도는 대출 가능합니다. 나머지는 다른 은행에 알아보시는 게 좋을 것 같습니다"라고 말했다. 나중에 알게 된 사실이지만, 니토리의 신용 상태로는 대출이 불가능하기 때문에 거절하려고 구실을 댄 것이라고 한다. 나는 그것도 모르고 필사적으로 다른 금융기관들을 찾아다녔다. 하지만 상대도 해 주지 않는 은행이 대부분이었다. 문득 거울에 비친 내 얼굴을 보니 창백하기 짝이 없었다. 비장한 기운마저 감돌았다. '이 얼굴로 어떻게 돈을 빌리겠어?' 하는 생각이 들었다.

나는 얼굴에 홍조가 돌도록 엷게 볼 화장을 했다. 그리고 어린 시절 어머니의 가르침을 떠올렸다.

"손님 앞에선 항상 방글방글 웃어라."

나는 거울을 보면서 화장으로 발그레해진 얼굴에 싱글싱
글 미소를 지었다. 그리고 마지막이라는 각오로 아침 일찍
지역의 상호신용금고를 찾아갔다. 기다리고 있다가 문이 열
리자마자 대출 창구로 갔다.

규모가 작은 신용금고라 지점장이 직접 상담에 응했다. 나
는 미소 띤 환한 얼굴로 자금을 어디에 쓸 것인지 열심히 설
명했다. 다 듣고 난 지점장은 필요한 서류를 갖추어 내일 다
시 와 달라고 했다. 나는 어쨌든 결판을 짓고 돌아가겠다는
생각에 한 바탕 연기를 하기 시작했다.

"오늘 결정해 주셨으면 합니다. 호쿠요 은행과 홋카이도
은행에서도 대출해 주겠다고 합니다. 굳이 이곳에 찾아온
이유는 집에서 가깝고 친근해서일 뿐입니다."

자신감 있는 미소를 띠며 천연덕스럽게 거짓말을 하는 내
모습에 스스로 감탄할 정도였다. 당시에는 500만 엔만 넘어

도 큰 금액이었다. 특히 은행도 아닌 신용금고에선 더더욱 그랬다. 하지만 나는 자신감 넘치는 모습으로 도전해 보기로 했다.

그날 융자를 확정받으려면 영업 종료 시간인 3시까지는 결정되어야 했다.

"잠시 기다려 주십시오."

지점장은 부하 직원들과 회의를 했다. 그러고 나서 본점에 전화를 걸어 오랫동안 협의하더니 마침내 융자를 해 주기로 결정했다.

융자를 받을 수 있게 되었다고 하자, 아버지는 "정말이냐?" 하고 놀라시면서 땅을 빌려주겠다고 하셨다. 이렇게 해서 1971년 삿포로 시에는 니토리 가구 매장이 하나 더 들어서게 되었다. 바로 니토리 2호점이었다. 250평 규모의 홋카이도 최초 창고형 가구 매장이었다. 당시 삿포로에서 가장 큰 가구점의 2배 크기였다. 매장 앞에는 자동차 6대 정도를 세울 수 있는 주차 공간도 있었다.

2호점이 큰 인기를 끌었다. 높은 이자가 아까웠기 때문에 신용금고에서 빌린 돈은 2년 만에 다 갚아 버렸다. 지점장은

"덕분에 해고당하치 않게 되었습니다" 하고 크게 웃더니 승진해서 다른 지점으로 갔다. 그 후로는 신용금고에서 돈을 빌리는 일은 없었다.

지푸라기라도
붙잡고 싶은 마음

1 972년도에 자본금 3,000만 엔으로 주식회사를 설립했다. 당시엔 상장 같은 것은 생각하지도 않았다. 주식은 가족들이 적당히 나누어 가졌다. 이런 방식은 원래 나중에 큰 문제가 되는 법이다. 그 이야기는 뒤에 자세히 하겠다.

주식회사를 세우고 얼마 지나지 않아 홋카이도에 가구 매장이 늘어나면서 경쟁이 치열해졌다. 가장 큰 문제는 니토리 2호점으로부터 500미터 정도 떨어진 곳에 들어선 1,200평 규모의 가구점이었다. 손님들은 니토리보다 네다섯 배는 넓은 이 매장으로 발길을 돌리기 시작했다. 20퍼센트, 30퍼센트 매출이 줄기 시작했다. 영업이익이 적자로 돌아서고 자금이 돌지 않게 되었다. 금융기관으로부터 융자도 정지되었다. 거래처들에게도 지불 기한을 늦춰 달라고 사정했다. 어렵게 조달한 차입금을 신용금고에 제때 변제할 수도 없었다. 이대로라면 도산할 것 같았다. 나는 어느새 우울증 증세를 보이게 되었고, 죽는 길밖에 없다는 생각까지 하고 있었다.

우울한 나날이 계속되는 가운데, 가구업 협회의 한 컨설턴트로부터 연락이 왔다. 그는 내게 동업자 50여 명이 함께하는 미국 가구점 시찰에 참석하도록 권했다. 나는 괴로운 현실에서 벗어나기 위해 지푸라기라도 잡는 심정으로 그 여행

넘어졌다면, 일어나라!

에 동행했다. 참석 비용은 40만 엔이었다. 회사 사정을 생각하면 무리한 일이었지만, 간신히 경비를 구했다. 당시 나이 27세였다.

하와이를 경유해서 미국 서해안에 내렸다. 시어즈 백화점 가구 매장과 가구 전문 체인점 래빗 등을 둘러보았다. 매장이든 쇼룸이든 가는 곳마다 충격을 받았다. 옷장이나 서랍장이 따로 놓인 경우는 없었다. 모두 벽장처럼 설치된 커다란 장 안에 편리한 구조로 들어가 있었다. 옷장 문을 닫으면 벽과 매끈하게 조화를 이루어 방이 넓고 깔끔해 보였다. 참가자들은 저마다 "미국과 일본은 정말 다른 세계야. 식생활도 주생활도, 아니 문화 자체가 너무 달라"라고 입을 모았다. 하지만 내 생각은 그렇지 않았다.

'미국인이나 일본인이나 사람은 누구나 같아. 언젠가 일본인들도 지금 이 곳의 편리함과 안락함을 원하게 될 거야.'

그 다음부터는 눈에 보이는 모든 것이 귀중한 정보였다. 미국에서 본 가구들은 품질과 기능이 뛰어나면서도 용도와 가격대가 다양하고 저렴한 것들도 많았다. 또 디자인이나 색깔들이 서로 조화를 이루게 되어 있어 거실이나 주방을 멋지게 꾸밀 수 있었다. 일본에서는 메이커 가구를 줄줄이 들여놓는 것이 다였다. 그래서 집주인에게 미적 감각이 없으면 서로 어울리지 않는 가구들이 어수선한 분위기를 자아내게 된다.

미국 시찰에서 얻은
깨달음

미국 시찰 중 내가 가장 놀란 것은 가격이었다. 미국에서는 대부분 가구 가격이 일본의 3분의 1 정도였다. 즉, 소득이 같을 경우 미국인은 일본인보다 세 배는 더 풍요롭게 살고 있다는 의미다. 미국의 풍요로움이 물건의 가격에서 온다는 것을 처음으로 깨달았다.

'이런 풍요로움을 일본에서도 실현하고 싶다. 내 힘으로 월급을 3배 올려주기는 어렵지만 가구 가격을 3배 더 싸게 낮출 수는 있을지도 모른다.'

왠지 용기가 불끈불끈 솟는 것 같았다. 그때까지 나를 괴롭혔던 고민들이 아주 사소하게 느껴졌다. 참가자들 중 나와 비슷한 생각을 하게 된 사람들과 이야기를 나누었다.

"미국 가구 업계처럼 해 봅시다."

미국 시찰에서 본 것처럼 고객이 원하는 것을 먼저 알아차려 만족시키면 경쟁 업체를 이길 수 있을 것이라고 입을 모았다. 하지만 결국 그 말을 실행에 옮긴 사람은 나밖에 없었다. 원하는 것이 있으면 현실적인 조건에 구애되지 않고 행동에 옮기는 것이 내 특징이다.

　미국 시찰 때 겪은 일 중 지금도 기억에 남는 것이 또 하나 있다. 시어즈 백화점 점장의 강의를 통역을 통해 듣던 날이었다. 아주 감동적인 시찰이었지만, 학교 다닐 때도 제대로 들어 본 적 없는 강의를 영어로 들으려니 통 집중이 되질 않았다. 통역이 있기는 했지만, 졸음이 밀려오니 모두 웅웅거리는 잡음처럼 들릴 뿐이었다. 그 소리를 자장가 삼아 깊은 잠에 빠졌다. 시찰을 와서 쌓인 여독을 한꺼번에 풀어 버릴 기세로 쿨쿨 자고 일어났더니 강연장에는 아무도 없었다. 나는 호텔 이름도 모른 채 가이드만 따라다니던 터라 당황하지 않을 수 없었다. 기다리고 있으면 여행사에서 데리러 올까 싶어 잠시 그대로 있었지만, 아무도 오지 않았다. 불안한 마음에 강연장을 나가 백화점 안을 돌아다녔다. 일행은 모두 어디로 갔는지 코빼기도 보이지 않았다. 영어를 한마디도 못 하는 나는 누구에게 도움을 청해야 할지 막막했다.

　"이대로 여기서 죽는 거 아니야? 모처럼 하고 싶은 일이 생겼는데……."

　엉뚱한 문제를 일으키기도 했지만, 미국 시찰은 무사히 끝났다. 2호점 경영이 나빠져 좌절에 빠진 상태에서 지푸라기라도 잡는 심정으로 떠난 여행이었다. 돌아올 때는 지푸라기가 아닌 튼튼한 동아줄을 잡고 있었다. 미국 같은 풍요로움을 일본에 가져다주고 싶다는 열정이 샘솟아 더 이상 죽고 싶다는 생각은 하지 않게 되었다.

이때 처음으로 니토리를 통해 이루고 싶은 꿈이 싹텄다. 일본으로 돌아오는 비행기 안에서 나는 수첩을 꺼냈다. 반드시 꿈을 이루고 말겠다는 결심을 펜으로 꾹꾹 눌러 수첩에 써 보았다.

미국에서 오늘날의 풍요로움이 꽃피기까지 120년이 걸렸다. 일본에서는 60년이면 가능하다는 생각이 들었다. 60년 후 나는 90살이었다. 그때까지 내가 살아 있다면 말이다. 아무래도 90살은 자신이 없어 60년을 전반기와 후반기로 나누었다. 그리고 일단 전반부 30년, 즉 60살까지 무슨 일을 해야 할지 생각해 보았다.

처음 10년은 '매장 만들기', 그 다음 10년은 '사람 만들기', 또 다음 10년은 '상품 만들기'로 정했다. 좀 막연하긴 했지만, 처음으로 사업의 장기 계획을 세운 것이었다. 그다음은 바로 실행이었다.

나는 원래 머리가 별로 좋지 않다. 고등학교 때까지 늘 꼴

찌 그룹에 있었다. 나 같은 사람이 인생을 개척하려면 행동
력으로 승부하는 수밖에 없었다.

3호점을 위한
끈질긴 교섭

라이벌의 등장으로 한때 죽고 싶을 만큼 좌절했다. 하지만 미국 시찰을 다녀온 후 투쟁심이 솟구쳤다. '눈에는 눈, 이에는 이. 한번 맞서 보자'는 생각이 들었다. 순간 삿포로의 동서남북에 니토리 지점을 내서 적을 둘러싼 포위망을 만드는 그림이 떠올랐다.

사실 그동안 일본에서는 지점을 5곳 이상 내기 어렵다는 이야기를 들었고, 내 생각도 마찬가지였다. 하지만 이제 생각을 바꾸어 우선 10곳에 지점을 내겠다고 결심했다. 일본에 풍요로운 생활을 가져오겠다는 꿈을 이루려면 업계의 라이벌을 이기고 일단 살아남아야 했다.

나는 당장 3호점 개장을 추진했다. 우선 매장이 들어설 땅이 필요했다. 삿포로 아사부 지역의 모퉁이 땅이 눈에 들어왔다. 당시엔 땅을 빌려주는 경우는 거의 없었기 때문에 매입을 해야 했다.

그 땅은 입지 조건이 아주 좋았다. 도심과 가깝고 넓었으며 잘 닦인 도로가 지나가고 있었다. 유통기업이라면 누구나 군침을 흘릴만한 땅이었다. 다만 땅을 사려는 사람들 사이에서 '난공불락'의 땅으로 악명이 높았다. 이 땅을 공동 소유하고 있는 4명의 형제가 매각 요청에 좀처럼 응하지 않기 때문이었다.

내가 땅을 사러 갔더니 4형제 중 장남이 골판지로 된 상자를 가지고 나왔다. 그 안에는 명함이 산처럼 쌓여 있었다. 모두 땅을 사러 왔다가 거절당하고 돌아간 사람들이라고 했다. 그는 내 명함을 상자 안에 집어넣고 뚜껑을 닫았다. 땅을 팔지 않겠으니 이만 돌아가라는 몸짓처럼 보였다. 그래서 나는 땅을 왜 사려고 하는지 솔직하게 털어놓기로 했다.

"저는 미국에서 보고 온 풍요롭고 넉넉한 생활을 일본에 전하고 싶습니다. 이 땅을 그 일을 위한 거점으로 쓰고 싶습니다."

그리고 미국 시찰을 하며 느낀 점에 대해 열변을 토했다. 그곳에서 찍은 사진도 보여 주며, "땅값은 원하시는 대로 드리겠습니다"라고 말했다.

중요한 교섭을 할 때는 매출이나 이익 같은 돈 이야기만 해서는 안 된다. 나는 '사람들을 위해, 세상을 위해' 일하고 싶다는 꿈에 대해 열정적으로 이야기했다. 그 열정은 결코 꾸며낸 것이 아니었고, 가슴 깊은 곳에서 끓어올라 내 두 눈을 빛내고 있었다. 결국 장남은 고집을 꺾었고, 시간을 주면 동생들을 설득해 보겠다고 했다.

넘어졌다면, 일어나라!

그런데 땅값이 평당 무려 35만 엔이었다. 당시 시세보다 15~20만 엔 정도 비싼 가격이었다. 땅값을 전부 계산하니 니토리 가구 1년 총매출의 절반에 가까웠다. 하지만 채산성을 따지기 전에 '이건 무조건 대박이다' 하는 감을 따르기로 했다. 나중에 땅을 사고 나자 주변 부동산 회사들로부터 땅값을 올려놓았다는 둥 시장 질서를 어지럽힌다는 둥 불만이 쏟아졌다.

일단 땅 주인을 설득하는 데는 성공했지만, 자금이 없었다. 사실 차입금도 갚을 날짜를 계속 미루고 있는 형편이라 회사가 부도날 것이라는 소문이 돌고 있을 정도였다. 이런 상황에서 토지 매입 자금을 융자받기란 쉽지 않을 것이 뻔했다. 하지만 포기할 수는 없었다. 공격적인 자세로 달려들어야 했다.

호쿠요 은행을 찾아가 "3호점을 내려고 합니다"라며 융자를 부탁했다. 역시나 지점장의 대답은 거절이었다.

"상황이 이렇게 안 좋은데, 말도 안 됩니다."

그는 2호점의 실적이 얼마나 나쁜지를 내게 상기시켜 주었다. 하지만 "정말 둘도 없이 좋은 장소입니다"라고 매달리며, 땅 주인에게 한 것처럼 미국 이야기를 하며 설득에 설득을 거듭했다. 상대가 어떻게 나오든 조금도 기죽지 않았다. 내가 이미 돈을 빌리기로 결심하고 찾아온 이상.

미국을 가기 전의 나와 미국을 다녀온 후 나는 사고방식 자체가 다른 사람이었다. 목표가 생긴 이상 리스크 따위는 안중에도 없었다. 오로지 앞으로 나아가는 일만 생각했다. 나는 지점장을 그 땅이 있는 곳으로 데려갔다. 지점장도 그곳을 둘러보더니 "정말 좋은 입지 조건이군요"라고 감탄하며, 마침내 융자를 해 주기로 했다.

교섭이란 거절당한 순간부터 시작되는 법이다. 대부분은 3번 거절당하면 포기하고 만다. 하지만 나는 4번째부터가 진정한 시작이라고 생각한다. 무슨 일이든 성공하려면 좀 더 끈덕지게 버틸 필요가 있다. 상대방의 마음을 움직이는 애교와 집념이 중요하다. 이것은 암거래 쌀을 팔 때 어머니로부터 배운 교훈이다.

1973년 10대의 주차 공간을 갖춘 니토리 3호 아사부점이 드디어 문을 열었다. 그동안은 싸게 판다는 이미지를 주기 위해 니토리 매장의 간판에 '도매 센터'라는 말을 넣었다. 하지만 3호점을 내면서 크게 변화를 주었다. 도매로 팔지도 않고, 센터라 부를 만큼 큰 매장도 아니면서 간판에 허세를 부린 것이 부끄러웠다. '사기'에 가까운 간판을 내리고 제대로 된 간판 아래서 정직하게 장사해야겠다는 생각이 들었다. 그리고 미국 시찰에서 깨달은 점을 반영해 매장 외관을 밝고 화려한 디자인으로 꾸몄다. 이때부터가 진정한 니토리 가구의 출발이었다.

문제가 된
지폐 모양 쿠폰

위기 중에 사업의 모든 승부를 걸고 문을 연 아사부점. 어떻게든 많은 손님들이 찾아오도록 만들기 위해 아이디어를 짜냈다. 가장 가까운 지하철역에서 매장까지 폭 90센티미터, 길이 50미터의 카펫을 깔았다. 그리고 그 길을 따라 많은 홍보용 깃발을 세워 펄럭이게 했다. 역 입구에서는 사탕과 교환할 수 있는 쿠폰을 대량으로 나누어 주었다.

그런데 이 쿠폰이 문제가 되었다. 쿠폰은 한쪽 면 디자인이 당시 1만 엔권 똑같았고, 뒷면은 사탕 교환권이었다. 크기까지 1만 엔권 지폐와 같았기 때문에, 앞면만 보면 진짜 돈이라고 착각할 정도였다. 이 쿠폰을 주문하자 인쇄 회사에서도 "재미있는 쿠폰이군요. 해 드리지요"라고 흔쾌히 수락했다. 아무도 이 쿠폰이 위조지폐 문제를 일으키리라고는 생각하지 못했다.

경찰로부터 출두하라는 연락을 받았을 때 처음엔 무서워서 잠시 도망가 버릴까도 생각했다. 하지만 아버지가 "이런 일로 체포되면 집안의 수치다. 어서 가서 해명해라"고 재촉했다. 마지못해 경찰서를 찾아가 "정말 죄송합니다. 이 일이 죄가 되리라고는 생각도 못했습니다"라고 고개 숙이며 사죄했다. 다행히 뒷면이 사탕 교환 쿠폰이라는 점이 인정되어 무죄로 풀려났다.

좀 더 많은 손님을 끌기 위해 자선 경매 행사도 열었다. 매장 근처 빈터를 빌려 진행한 이 행사에는 홋카이도에서 인기를 끄는 사회자와 만담가도 불러 흥을 돋우었다. 개장 첫날에는 각지에서 사람들이 밀려들어 주변 도로가 꽉 막힐 정도로 대성황이었다. 매장 안에도 사람들이 밀려들어 발 디딜 틈도 없었다. 나도 2층으로 올라가기 어려울 정도로 혼잡했다.

이날 설득에 못 이겨 겨우 땅값을 융자해 주었던 지점장도 매장을 방문했다. 인산인해를 이룬 손님들을 보더니, 가슴을 쓸어내리며 "이제 살았습니다"라고 크게 기뻐했다. 아사부 점은 처음 1년 동안은 초기 투자 자금이 너무 커서 예상대로 적자였다. 하지만 2년째부터 흑자로 돌아섰고, 큰 수익을 올리기 시작했다.

넘어졌다면, 일어나라!

화제가 된
고릴라 광고

손님을 끌어모으려면 눈에 띄는 광고는 필수다. 그래서 만든 것이 1975년부터 시작한 고릴라 광고다. 당시 영화 〈킹콩〉이 빅 히트를 치면서, 어딜 가나 고릴라가 화제였다. 나는 '한 번 보면 결코 잊지 못할 광고를 만들고 싶다. 사람보다는 동물이 나오는 게 더 효과적일 거야'라고 생각하고, 영화사를 찾아갔다. 진짜 고릴라와 닮은 인형을 싼값에 빌렸고, 시나리오는 내가 직접 썼다.

광고에는 암컷과 수컷 고릴라 한 쌍을 출연시킬 생각이었다. 둘을 확실하게 구분하려면, 고릴라에게 옷을 입히는 수밖에 없었다. 옷감을 사서 수컷용 파란색 팬티, 암컷용 분홍색 팬티와 브래지어를 만들었다. 그런데 어쩌다 보니 옷감이 모자라 수컷용 팬티가 짧아지고 반쯤 벗겨졌다. 어딘지 야한 모습이 사람들에게 깊은 인상을 남길 것 같아 그대로 두었다.

드디어 광고 촬영이 시작되었다. 첫 번째 작품에는 잠자기 전 고릴라 부부의 모습을 담아냈다. 남편 고릴라가 화장대 앞에서 크림 바르는 아내 고릴라를 바라보며 "우리 집 가구는 니토리 가구. 나는 멋진 남편 고릴라. 물론 내 아내는 미인 고릴라"라고 말한다. 그리고 "사랑하는 방법은 인간과 같아"라면서 아내를 침대로 데리고 들어간다. 이 광고가 나간 프로그램이 마침 시청률 높은 '청춘 남녀 데이트 프로그램'이었다. 광고와 프로그램의 내용이 서로 잘 맞아 떨어진 덕분인지 고릴라 광고는 금세 장안의 화제가 되었다.

두 번째는 남편 고릴라가 침대 위에서 데굴데굴 구르며 순박하고 시끄러운 관서 지방 사투리(우리나라 경상도 지방과 비슷한 분위기라고 생각하면 된다 - 옮긴이)로 "대끼리 좋데이. 이 가구"라고 말한다. 아내 고릴라가 "이태리 원목이니까 가격도 좀 쎄다 아이가"라고 역시 관서 사투리로 맞장구치면, 다시 남편 고릴라가 "얼맨데?"라고 묻는다. 아내가 "산리라(3리라), 욘리라(4리라), 딱 고리라(5리라)지"라고 대답한다. 그 순간 "꿈의 세계를 연출하는 가구~ 니토리 가구~"라는 내레이션이 흐르고, 고릴라 부부는 부둥켜안고 침대로 쏙 들어간다. 이 코믹한 내용의 광고는 니토리 가구의 인지도를 높이는 데 공헌했다.

동물 인형 옷 준비부터 촬영까지 광고 회사의 도움은 전혀 받지 않았다. 모두 니토리 본사에서 진행했다. 이때부터 니토리는 가능한 업무는 모두 내부에서 해결하는 것을 원칙으로 삼고 있다.

나답다고 해야 할까. 이 광고에도 세상의 상식으로 용납하기 어려운 실수가 있었다. 아침 방송에 고릴라 부부가 부둥켜안고 침대로 들어가는 광고가 나가자, 식구들이 함께 보기

민망하다는 사람들이 하나둘 생기기 시작했다. 어떤 사람들은 직접 방송국에 전화를 걸어 "애들이 함께 보는데 이렇게 외설스러운 광고를 내보내도 됩니까?"라고 불평했다. 항의는 점점 더 거세졌고, 결국 이 광고는 더 이상 내보내지 않게 되었다.

그 후로도 나는 지점을 개장할 때마다 고객을 끌어모으기 위해 남들이 하지 않은 행사를 하려고 머리를 짜냈다. 1977년 쓰키사무점 개장을 앞두고 있을 때였다. 홋카이도 탐험 동호회 회원들이 기구를 타고 쓰가루 해협을 건넌다는 뉴스가 들려왔다. 나는 이 뉴스에서 힌트를 얻어 재빨리 기구를 사용한 광고를 찍어서 내보냈다. 그리고 쓰키사무점 오픈 행사에도 기구를 활용했다. 그날 매장을 찾아온 고객 중 몇 명을 기구에 태워 하늘을 나는 체험을 시켜 준다는 내용이었다. 기구에는 미리 허가 받은 사람만 태워야 한다는 법이 있는 줄도 모르고 한 일이었다. 고객들의 반응은 뜨거웠지만, 나는 경찰서에 불려가 호된 꾸중을 들어야 했다.

1978년 아쓰베쓰 지점 오픈 행사에는 일본에서 가장 큰 북을 빌려 왔다. 지름 2미터, 길이 3미터에 이르는 큰 북이었다. 종업원들이 두 패로 나뉘어 북을 울리자 화려한 모습과 웅장한 리듬이 사람들을 끌어모았다.

단식으로
자기 개혁

'**일**본을 풍요롭게 만들겠다'는 다짐이 점점 확고해지면서, 경영자로서 니토리를 크게 키우겠다는 것과 그로써 일본 발전에 기여하고 싶다는 목표가 뚜렷해졌다. 꿈을 이루기 위해서는 예전의 생활 태도론 안 되겠다는 생각이 들었다. 놀고 즐기면서 무절제한 생활을 하도록 스스로를 버려두고 싶지 않았다. 서른 살이 되는 기념으로 앞으로는 절도 있고 엄격한 생활을 하겠다고 다짐했다. 그리고 이를 위해 단식 도장에 들어가 자기 수련을 하기로 했다.

사람에게는 여러 가지 욕구가 있다. 그중 가장 참기 어려운 것은 식욕이다. 나는 이 욕구를 조절해 보고 싶었다. 홋카이도에는 단식 도장이 없었기 때문에, 혼슈까지 가야 했다. 혼슈의 도장에는 의사도 있고, 수련생 관리 체제도 잘되어 있었다. 물만 마시는 생활을 했더니 처음 3일 동안은 괴롭기 짝이 없었다. 머릿속엔 먹을 것에 대한 생각만 가득했다. 하지만 4일째가 되자 공복인 상태에 몸이 적응하기 시작했고, 더 이상 먹을 것에 집착하지 않게 되었다. 머릿속이 맑아지면서 그동안 살아온 인생을 돌아볼 수 있었다.

어떻게 오늘날의 내가 존재할 수 있었는가. 엄한 부모님, 형제, 아내, 직원들 덕분이었다. 또, 태양, 물, 너른 대지가 있었기에 가능했다. 이들 중 하나만 없었어도 오늘날의 나는 있을 수 없었다.

"그동안 난 너무 제멋대로 살았어. 직원들에게도 심하게 굴었어."

감사와 뉘우침이 가슴 깊은 곳으로부터 끓어올랐다. 감동의 눈물이 쉴 새 없이 흐르는 가운데 '지금부터는 모두를 위해 살아가겠어'라고 결심하고, 잊지 않기 위해 수첩에 적어 두었다.

불혹의 나이인 40세까지 정기적으로 단식 수련을 하려 했는데, 방황이 계속되었기 때문에 45세까지 계속했다. 단식을 하는 동안 중요한 사실을 하나 깨달았다. 무슨 일이든 에고와 프라이드에 갇혀 상대의 입장을 간과하면 실패한다. 자신의 욕망만 넘친다면 결국 실패한다. 그 상태로는 모든 노력이 헛수고일 뿐이다.

대단한 것이 아닐지라도 과거의 성공 경험과 욕망은 늘 내 앞길을 방해했다. 어찌하면 고객의 입장에 온전히 설 수 있을까. 가장 좋은 방법을 나 자신을 비우는 것이었다.

나도 나름대로 많은 경험을 쌓아 왔다. 하지만 처음부터

내 경험을 앞세워 사업을 풀지 않는다. 우선은 고객이 가장 원하는 것은 무엇인지를 연구한다. 그리고 그 위에 나의 경험과 판단을 더해 결단을 내린다. '업계에선 이렇게 한다' 혹은 '내 경험으로는 이렇다'라면서 처음부터 방정식을 잘못 세우면, 그 일은 실패한다.

나는 언제든 편견을 버리고 20대 여성이든, 아이든, 남녀노소에 관계없이 모든 고객의 입장에 서려고 한다. 원래 고생을 해 보지 않은 사람일수록 자신의 부족한 경험을 바탕으로 결론을 내리는 법이다. 따라서 젊었을 때는 어느 정도 밑바닥에서 고생을 하며 경험을 쌓을 필요가 있다.

나는 언제든 모든 것을 내려놓을 자신이 있다. 인간은 누구나 평등하다. 이것은 니토리 경영자로서 내가 지닌 기본자세이고, 글로벌화의 출발점이다.

망한 회사 제품을
사들이다

1973년도에 3호점으로 개점한 아사부점은 성공을 거두었지만, 경영 상태가 좋아지기까지는 시간이 필요했다. 창업 초기엔 정말 고생투성이었다. 매출이 아직 4억 엔 정도에 머무는 중소기업이라 바람 불면 날아갈 듯 위태로운 날들이 이어졌다.

니토리의 지명도를 높이기 위해 아무래도 염가 판매를 해야겠다는 생각이 들었다. 하지만 당시엔 도매상의 힘이 강해 물건을 싸게 들여오기가 어려웠다. 홋카이도에는 4개의 큰 도매상이 있었는데, 니토리에게 우호적인 곳은 1군데뿐이었다. 물건 구입이 정말 힘들었다.

창업한 지 얼마 안 되어 염가 판매를 기획할 때 가장 먼저 눈에 들어온 것이 도산한 회사의 제품이었다. 삿포로 시에 도산한 회사 제품만을 전문으로 취급하는 곳이 있다는 이야기를 듣고 바로 달려갔다. 구입 가격이 보통 물건보다 30~50퍼센트 정도 쌌고, 도매상을 거치지 않고 그 자리에서 구입할 수 있었다.

니토리가 현금을 지불하고 망한 회사 물건을 사간다는 소문이 돌자 여기저기서 거래 요청이 들어왔다. 그들로부터 싸게 사들인 물건은 삿포로 시내에 있는 양파 창고를 빌려 보관했다. 처음 가구점을 열 때 신세를 졌던 '혼다코산'이 부도

넘어졌다면, 일어나라!

났을 때도 그곳 물건을 싼값에 들여왔다.

"좀 더 싼 물건은 없을까?"

내 눈은 전국을 향해 열려 있었다. 도산 회사의 물건이나 자금 문제로 괴로워하는 회사가 있으면 어디든 달려갔다. 당시 팥의 시세를 둘러싼 《붉은 다이아몬드》라는 경제 소설이 화제였다. 나는 마치 그 소설에 나오는 투기꾼이라도 된 듯한 기분으로 복대에 50만 엔을 넣고, 직원 1명과 함께 삿포로로 가서 자금난을 겪고 있는 회사나 도매상을 찾아다녔다.

이렇게 구입한 물건들은 이미 여러 개로 늘어난 지점들에 분산해 배치했다. 대부분 시세보다 아주 쌌기 때문에 갖다 놓기가 무섭게 팔려 나갔다. 뿐만 아니라 니토리 매장과 경쟁 상대인 백화점이나 전문점에서도 우리 물건을 도매로 사갔다.

좋은 물건을 싸게 공급하는 일은 재미도 있고 보람도 있었다. 신바람이 나서 전국을 돌았다. 쓰가루 해협을 건너, 니가타, 군마, 시즈오카, 히로시마, 규슈를 거쳐 계속 남쪽으로 내려갔다. 현지로 직접 찾아가면 전화로 주문하는 것보다 훨씬 싸게 살 수 있기 때문이다. 마지막으로 규슈에서 상담을 끝내면 함께 갔던 동료와 온천에 들렀다. 삿포로로 돌아가기 전에 객지에서 쌓인 피로를 풀기 위해서였다. 우리는 며칠 동안 그곳에서 온천욕을 하며 게이샤를 불러 아주 시끄럽게 놀았다. 술 마시고 노래하며 소동을 부리는 동안 피로가 싹 가셨다. 아직은 한창 놀고 즐길 나이였다.

도산 회사의 물건을 구매해 팔면서 '니토리는 물건이 좋고 싸다'는 인식이 자리 잡게 되었지만, 그 과정에서 문제도 많았다. 한 번은 규슈에서 산 혼수용 가구를 20톤 트럭에 실어 삿포로까지 배달하도록 주문했다. 배에 실려 온 트럭이 하코다테 항구에 내리자 일단 운임을 지불했다. 그런데 얼마 후 삿포로의 직원으로부터 "아직 트럭이 도착하지 않고 있습니다"라는 연락이 왔다. 배에 실려 온 트럭은 항구에서 운임만 받고 어디론가 사라져 버렸다. 결국 물건을 되찾지 못했고 크게 손해를 봤다.

조직폭력배들에게 사취당한 가구를 사는 바람에 뜻하지 않게 시달린 적도 있다. 상담을 하면서 험악한 분위기를 느꼈지만 도망갈 틈도 없이 물건을 떠안게 되었다. 협상이 끝나자 그들은 악수까지 청했다. 그리고 "자네 보통 배짱이 아니야. 하하하"라고 호감을 표시하더니 삿포로까지 따라와 몇 달 동안 머물렀다. 상당히 위험한 인물들로 보였지만, 특

넘어졌다면, 일어나라!

별히 해를 끼치거나 하지 않았기 때문에 그들과 함께 밥도 먹고 술도 마시며 친구가 되어 주었다.

개중에는 일부러 공장을 지어서 계획적으로 부도를 내는 사기 집단도 있었다. 경찰에 사정을 이야기했더니, 결과적으로 니토리도 이들과 한편이 되어 장사를 한 셈이라고 했다. 이 일이 있고부터는 도산 회사 제품만 전문으로 취급하는 도매상과는 거래하지 않기로 했다. 대신 전국을 발품 팔아 돌아다니며, 직접 거래할 수 있는 회사를 찾아냈다.

균일가로
승부하다

원래 제조 회사로부터 물건을 직접 들여오면, 도매 상인들이 가만히 있지 않는다. 하지만 니토리의 지점이 늘어나 판매력이 좋아지자 제조사들은 우리와 직접 거래하고 싶어 했다. 니토리 역시 그것을 원했기 때문에 직거래 회사 수는 점점 늘어났다. 당시 매장 판매 물품의 절반이 이런 직거래 회사들로부터 들여온 것이었다.

주로 상거래가 활발하지 않은 한여름이나 한겨울에 직거래 회사로 물건을 사러 갔다. 대부분 제조사들은 이 시기에 현금이 부족하다. 따라서 도매상에게 들키지 않도록 밤늦게 현금을 손에 들고 공장으로 찾아가면 대환영이었다. 하지만 도매상에게 들키면 당장 거래 정지를 당할 위험한 일이기도 했다. 그래서 '지명수배범'처럼 아주 비밀스럽게 움직일 수밖에 없었다. 지금처럼 니토리에서 기획하고 해외에서 제작해 들여오는 체제가 자리 잡기 전의 웃지 못할 사연이었다.

매출을 올리기 위해 일반 고객을 상대로 할부 판매를 하게 되었다. 일단 가구를 배달해 주고 대금을 한 달에 한 번씩 총 3회 정도로 나누어 받았다. 당시엔 할부나 신용 판매가 널리 도입되지 않았을 때라 고객들이 좋아했고, 판매도 늘었다.

하지만 점점 돈을 갚지 않는 사람들이 많아지기 시작했다. 심지어 야반도주하는 사람도 있었다. 이런 사람들에게 떼인 돈이 매출의 3분의 1을 차지하는 달도 있었다. 그냥 두고만 볼 수 없어 돈을 안 내는 사람들을 직접 찾아 나섰다. 온갖 연줄을 다 동원해 찾아내면, 대부분은 삿포로 시내 어딘가에 숨어 지내고 있었다.

나는 선글라스를 끼고 직원 몇 명을 대동하여 큰소리치며 공포 분위기를 조성했다. 학생 시절과 반대로 나 자신이 누군가를 괴롭히는 불량배가 된 듯해 기분이 묘했다. 돈을 빨리 갚게 하려면 어쩔 수 없지만, 참 못할 짓이란 생각이 들었다. 대부분 돈이 없어 도망간 사람들이라 대금을 받지 못하고, 가구를 다시 가져오는 수밖에 없었다.

아예 처음부터 돈을 낼 생각을 하지 않는 사람들도 있었다. 공포 분위기를 조성하고 큰소리를 치며 돈을 받으러 갔는데, 알고 보니 상대는 진짜 조직폭력배였다. 그래도 기죽어 보이지 않으려고 큰소리를 뻥뻥 치면서 실랑이를 계속했다. 한참을 그렇게 하다 보면 돈을 못 받는 것보다 이런 사람들을 상대로 에너지를 소모하는 것이 더 힘들었다.

가구를 대량으로 사 간 회사가 부도나는 경우도 있었다. 그럴 때는 미니밴을 타고 그 회사 앞으로 달려가 이틀이고 사흘이고 기다린다. 대부분 사장이 빚 독촉을 피해 어디론가 숨어 버리고 없기 때문이다. 빵과 라면으로 끼니를 때우고

넘어졌다면, 일어나라!

차에서 잠까지 자며 며칠이나 기다렸던 적도 있었다. 차에서 불편하게 잠을 자고 일어난 아침이었다. 기다리던 사장이 회사로 들어가는 게 보였다. 나는 얼른 쫓아 들어가 사장을 잡았지만, 회사가 망했기 때문에 가구 대금을 줄 돈이 없다는 말만 들었다. 어쩔 수 없이 이미 중고가 된 가구를 다시 거둬들였고, 가구 사용 대금으로는 땅을 압류했다.

이런 일이 자꾸 계속되면, 경영이 안정될 수 없다고 판단했다. 대금을 독촉하러 다니는 일도 더 이상 하고 싶지 않았다. 그래서 할부 판매를 그만두고, 슈퍼마켓처럼 정찰제 판매를 하기로 했다.

여전히 가구 할인 판매가 주류를 이루던 시절에 이런 가격 전략은 획기적인 발상이었다. 그때까지는 어떤 매장에서나 고객의 상황을 보아가며 20퍼센트에서 30퍼센트 정도 할인해서 그때그때 다른 가격으로 가구를 팔고 있었다. 그러다 보니 가끔 "우리 옆집은 30퍼센트 할인해 주면서 왜 나는 20퍼센트밖에 안 해 주는 거죠?"라고 따지며 반품해 버리는 고객도 있었다. 아무리 생각해도 불공평한 일이라 고쳐야겠다는 생각이 들었다. 누구에게나 같은 가격으로 팔되 최대한 싸게 팔자고 결심했다. 가격이든 무엇이든 다른 사람들과 똑같이 해서는 살아남을 수 없다는 생각이 들었다.

영업부장이
빼돌린 상품

오래된 경영 체제를 바꾸어도 경영 상태는 쉽게 안정되지 않았다. 아사부점을 개장할 무렵, 어느 백화점의 가구 매장 책임자를 영업부장으로 스카웃했다. 그런데 이 사람 때문에 회사는 다시 한 번 도산 위기를 맞았다. 영업부장은 가구 매입 가격을 부풀려서 보고한 뒤, 차액을 빼돌렸다. 그런 사람을 데려와 제대로 겪어 보지도 않고 중요한 업무를 맡긴 내 잘못이 컸다.

영업부장이 가구 원가를 부풀려서 보고하자 덩달아 판매 가격도 올라갔다. 가격이 비싸지자 손님이 줄었고, 매출도 하향 곡선을 그렸다. 거래처에선 "영업부장이 뇌물을 요구해서 괴롭다"는 불평도 들렸다. 조사해 보니 뇌물을 주지 않은 도매상과는 거래를 끊은 것으로 드러났다. 더 이상 그냥 두고 볼 수 없어 그를 불러 다그쳤다. 그러자 "회사를 위해서 거래를 그만둔 것인데, 왜 저한테 심한 말씀을 하십니까?"라고 오히려 화를 냈다.

그즈음 예전 회사의 동료로부터 전화가 왔다.

"이상한 일이야. 경마장 앞에서 니토리 가구 트럭을 봤어. 운전기사가 대낮부터 경마를 하고 있나 봐."

나는 '뭐야. 지금 배달하고 있을 시간인데…'라고 생각하며, 일단 트럭이 돌아오기를 기다렸다. 회사에 들어온 운전기사는 평소처럼 트럭에서 내려 사무실로 들어갔다. 나는 얼른 달려가 트럭 안을 들여다보았다. 구겨진 마권이 바닥에 뒹굴고 있었다.

그 후 친척으로부터 더 충격적인 이야기를 들었다. 누군가 니토리 가구 물건을 대량으로 가져다 삿포로 시에서 조금 떨어진 이시카리 시 등에서 팔고 다닌다는 내용이었다. 가격도 매장 가격의 절반 정도만 받았기 때문에 니토리 본사에 큰 피해를 줬다. 다행히 이시카리 시에 아버지의 친척들이 많이 살고 있어 일이 아주 커지기 전에 사태를 파악할 수 있었다.

하지만 사내 범죄를 뿌리 뽑기는 어려웠다. 이미 너무 깊게 자리 잡고 있었다. 직원 20명 중 우리 집 식구이거나 진정한 동료라 할 수 있는 몇 명을 제외하고 16명이 범죄에 얽혀 있었다.

어느 늦은 밤 잔뜩 취한 영업부장이 찾아와 대문을 발로 쿵쿵 걷어찼다. 집안으로 들였더니 "나를 의심하는 것 같은데 어디 증거라도 있어? 직원들이 다 내 편인 거 알지? 잘못 건드리면 회사를 파산시켜 버릴 테니까!"라고 협박했다. 창고에서 재고관리를 하는 직원까지 모두 영업부장의 비리에 가담하고 있었던 것이다. 눈앞에 벌어지는 일을 보고도 어떻게 손을 쓸 수가 없었다. 나와 아내는 망연자실하게 앉아 있었다. 그 사이에 영업부장은 마침 집에 있던 양주 '나폴레옹'을 전부 마셔 버렸다. 미국 시찰 때 사서 아껴 두었던 것인데, 난 한 방울도 마시지 못했다. 경리부장의 만행도 만만치 않았다. 회사 어음을 은행에 가져가 현금으로 바꾼 뒤 자기 호주머니에 넣어 버렸다.

영업부장과 나는 더 많은 직원을 자기편으로 만들기 위해 매일 직원들에게 술을 사고 밥을 샀다. 서로가 직원 쟁탈전을 벌이는 것 같았다. 그러자 직원들은 이 기회를 틈타 매번 '직원 친목회'를 열겠다며 회식비를 청구했다. 거절하자니 영업부장에게 직원들을 빼앗길 것 같았다. 회식비가 나날이 치솟는 가운데 잠 못 이루는 밤들이 이어졌다. 회사 분위기는 점점 더 엉망이 되고 매장 판매원들까지 매출 일부를 자기 주머니에 챙기는 지경에 이르렀다. 점점 자금이 부족해지더니 또 다시 경영 위기가 찾아왔다.

'이대로라면 회사가 망하고 만다, 그렇게 되면 평생 후회하며 살 텐데…….'

망할 때 망하더라도 회사를 살리기 위해 지금 할 수 있는 것은 다해 보자고 결심했다.

결국 내가 경영을 똑바로 하지 않아서 일어난 문제였다. 마음을 터놓고 지내는 4명의 직원을 불러 "지금부터 전쟁이요"라고 선포했다. 그리고 사장임에도 불구하고 직원들의 눈치를 살피며 비밀스럽게 조사를 시작했다. 차근차근 증거를 모아 부정이 적발된 직원들을 한 사람 한 사람 해고해 나갔다. 물론 그때마다 영업부장은 "지금 뭐하는 거요?"라고 따지며, 회사를 파산시키겠다고 협박했다. 그러면 나도 "법적으로 합당한 일을 했을 뿐이요. 파산시키려면 해보시오. 가만있지 않을 테니까"라고 맞섰다.

외부에서 전문 회계사를 영입해 회계장부를 감사하도록 했다. 그리고 거기서 나온 자료를 근거로 부정한 직원들을 적발해 1년에 걸쳐 모두 쫓아냈다. 마지막으로 거금을 횡령한 것으로 드러난 영업부장과 경리부장까지 해고했다.

그 사이에 경영이 불안해지자 은행에선 융자도 해 주지 않으려 했다. 나는 직접 찾아가 "내부에 문제가 있었습니다. 이제 해결되었으니 경영 상태도 예전처럼 좋아질 것입니다"라고 설득했다. 거래처에도 일일이 찾아가 고개 숙이며 협력을 부탁했다. 남은 직원은 5명으로 4분의 1로 줄었다.

재미있게도 직원 수가 대폭 줄어드는 태풍이 휩쓸고 지나갔지만 매출은 줄지 않았다. 오히려 수익률이 훨씬 좋아졌다. 게다가 1974년 총 판매액이 5억 엔에 이르렀고, 경상이익은 전년도의 2배인 2,000만 엔이나 되었다.

에어돔
소동

니 토리가 아직 '가내수공업' 정도에 머물렀던 1970년대 초반은 우왕좌왕 소동의 연속이었다.

기억에 남는 또 하나의 사건은 1975년 삿포로 시 교외에 난고점을 개장한 일이다. 아사부점은 순조롭게 커 갔지만 신규 출점을 척척 진행할 만큼 자금이 넉넉하지는 않 았다. 아직 지명도도 낮았기 때문에 은행에서 융자받는 것도 쉽지 않았다. 토지는 빌리고 건물은 최대한 싼 비용으로 짓 는 수밖에 없었다. 비용이 적게 드는 조립식이 좋았지만, 크 게 지을 수 없다는 한계가 있었다. 그래서 생각해 낸 것이 미 국 시찰 때 본 에어돔이었다. 일본 최초로 에어돔을 이용한 매장을 만들기로 했다. 이를 다루는 대리점과 바로 수입 계 약을 맺었다.

싼 비용으로 지점을 내기 위해 돔 매장을 짓겠다는 아이디 어를 짜내기는 했지만, 그래도 자금은 여전히 부족했다. 사 방팔방으로 자금을 구하러 다닐 때 평소 친하게 지내던 세무 사로부터 연락이 왔다.

"친척 중에 신용금고 이사장이 있습니다. 소개시켜 드리 지요."

소개는 받았지만, 담보가 없으면 곤란하다는 말을 들었다. 다시 난처한 상황에 빠졌는데, 이번에도 세무사가 나서서 자신이 보증을 서 주겠다고 했다. 덕분에 돔 매장을 지을 자금을 간신히 마련했다. 그리고 융자금 300만 엔 중 15만 엔에 해당하는 주식을 세무사에게 주었다. 이 주식은 오늘날 가치로 환산하면 수백 억에 이른다.

매장 건물을 싸게 지으려고 돔을 수입하려던 것인데, 가격이 생각보다 많이 비쌌다. 게다가 개장이 겨우 두 달 남짓 남았는데, 돔은 도착하지 않고 있었다. 대리점에서 처리를 잘못하는 바람에 돔 비용 지불이 늦어졌기 때문이었다. 아무래도 돔은 개장 직전에 아슬아슬하게 도착할 것 같았다. 이미 텔레비전 광고도 시작했기 때문에 돔이 늦어져 개장을 제때 못하면 신용이 바닥으로 떨어질 것이다. 결국 미군 군용기까지 빌려 돔을 실어 오게 됐고, 모두 500만 엔이 들었다. 기초 공사는 미리 해 두었고, 개장 5일 전에 돔이 도착했다.

돔을 설치할 1,000평가량 되는 장소를 발견했지만, 땅을 빌리기는 쉽지 않았다. 가건물은 1년이 지나면 철거해야 되기 때문이었다. 하지만 나는 "일단 짓고 나면, 쉽게 철거할 수 없을 겁니다"라고 땅 주인을 설득했다. 결국 땅을 빌리는 데 성공했고, 설치 공사는 홋카이가쿠엔 대학교 동기 중에 건축

회사 간부가 있어 그에게 맡겼다. "이걸로 부탁해" 하면서 동기인 다다 군에게 손가락 4개를 펴 보였더니 고개를 끄덕였다. 돈이 생각보다 높아서 40만 엔은 주어야겠다고 생각한 것인데, 다다 군은 400만 엔으로 생각하고 승낙한 것이다.

다다 군은 대학 야구부 후배들을 동원해 설치를 무사히 끝내 주었다. 문제는 돈을 지불할 때 생겼다. 계약서도 없이 손짓으로 정했기 때문에 사정을 알고는 서로 난처해졌다. 하지만 돈이 없었기 때문에 40만 엔 이상 줄 수는 없었다. 다다 군은 이 일에 책임을 지기 위해 설계회사를 그만두고 독립했다. 내가 독립을 도와주었다고 하기는 그렇지만, 그 후부터 지금까지 니토리 매장의 설계는 다다 군의 회사에서 도맡아 하고 있다.

문제는 여기서 끝나지 않았다. 12월 추운 겨울 날씨에 철야를 하면서 간신히 돔 매장을 다 꾸밀 수 있었다. 기쁨도 잠시, 개장하는 날 아침 일찍 전화가 왔다.

"사장님, 매장이 없어졌습니다!"

무슨 일인가 싶어 달려갔더니, 에어돔이 전날 내린 폭설을 버티지 못하고 무너져 파묻힌 뒤였다. 직원들은 물론이고,

도매상과 가구 공장 사람들에게까지 도움을 청해 겨우 눈 속에서 돔을 끄집어내 부풀렸다.

매장이 채 복구가 되지 않았는데 손님들이 몰려들기 시작했다. 돔을 완전히 세우고 나자 그 사이에 넘어지고 긁히면서 손상된 가구들이 보였다. 할 수 없었다. 오후엔 그런 가구들을 모아 놓고 '손상 가구 반액 세일'이란 팻말을 세웠다. 이것이 뜻하지 않게 큰 반응을 불러일으켰다. 그러자 도매상들이 가구 공장들을 수소문해 손상된 가구들을 구해 왔다. 개장 후 3일 동안은 이 행사로 인해 대성황을 이루었다.

하지만 그 후부터는 온갖 실수의 연발했다. 유리창이나 쇼윈도가 없으니 매장 안은 불을 켜도 어두컴컴했다. 보통 조명으로는 도저히 안 되겠다 싶어 서치라이트를 켰다. 그런데 이 불빛을 똑바로 쳐다보면 너무 눈이 부셨다.

"조명이 눈부시니까, 아래를 며 들어가 주세요"라고 안내 방송을 해야 할 정도였다. 그러자 손님들은 "지팡이라도 짚고 다니라는 거야 뭐야!"하면서 화를 냈다. 게다가 서치라이트 조명 아래서 본 가구를 막상 집으로 배달받으면 다른 색깔로 보였다. 손님들로부터 항의가 끊이질 않았고, 이 문제를 해결하기 위해 궁리하다가 공원의 가로등을 보고 '이거다!'라는 생각이 들었다.

전기공사 기술자들을 불러 매장 안에 가로등을 100개 정도 세웠다. 조금 나아지기는 했지만, 아직도 어두웠다. 할 수 없이 사고 싶은 가구를 일일이 매장 밖으로 끄집어내 색깔을 확인하는 수밖에 없었다.

돔에서 상품을 모아 둔 창고에는 철문을 달아 두었다. 철문은 열 때는 문제가 없었지만, 닫을 때는 기압 차이 때문에 갑자기 '쾅'하고 닫혀 버렸다. 조심하지 않으면 문에 끼어 크게 다칠 것 같았다. 물건을 꺼낼 때마다 신경이 쓰이고 불안했다. 종업원이 문에 끼어 압사하는 바람에 사죄 기자회견을 하는 꿈을 꾸고 벌떡 일어난 적도 여러 번이었다.

눈이 많이 오면 돔이 무너질까 걱정하는 것은 당연했고 또 다른 문제도 있었다. 제설 작업을 하다 전신주가 무너지면 정전이 되었다. 그때마다 공기를 유지하는 장치도 정지되어 팽팽하게 부풀어 올랐던 돔이 쭈글쭈글해지기 시작했다. 언제 전기가 다시 들어올지 모르기 때문에 "지금 매장 지붕이 무너지고 있으니 빨리 밖으로 대피해 주시기 바랍니다"라고 방송을 할 수밖에 없었다. 만약 주말에 이런 일이 일어나면 대소동이 일어났다. 매장 안에 있던 손님들은 "꺄아악!" 소리 지르며 입구로 몰려들었다. 게다가 입구가 회전문이어서 겨우 몇 명씩만 빠져나올 수 있다는 것을 아는 순간 모두 패닉 상태에 빠졌다. 마치 만화의 한 장면 같았다.

돔 위가 비교적 평평하기 때문에 눈이 많이 오면 아래로 흘러내리지 않고 쌓였다. 눈이 쌓일수록 누르는 힘도 커졌고, 돔은 점점 쭈그러들었다. 그대로 매장이 무너지기 전에 서둘러 쌓인 눈을 치워야 했다. 직원 몇 명이 로프를 타고 돔 위로 올라가 눈을 쓸어 내기 시작했다. 그런데 눈이 누르던 힘이 사라지자 쭈그러들어있던 지붕이 탁 솟아올랐고, 그 위에서 눈을 쓸던 직원이 그 힘에 밀려 하늘로 튕겨 올랐다가 땅바닥으로 떨어졌다. 순간적으로 심폐 정지까지 되었던 한 직원은 겨우 살아났지만, 그 후 곧 교통사고를 당해 한 달 정도 입원했다. 퇴원하고 나서는 "니토리에 있으면 재수가 없다"면서 아예 퇴사해 버렸다. 그 후 삿포로의 유명한 환락가인 스스키노에서 기타를 치고 노래하는 가수가 되었다는 소식을 들었다.

여름이면 돔 매장 안은 기온이 40도까지 올라가 가만히 서 있어도 땀이 비 오듯 흘렀다. 그리고 겨울에는 영하 10도까지 떨어져 얼어붙을 듯 추웠다. 그래서 이곳에 근무하는 직원들은 여름엔 '적도 근무 수당'을, 겨울엔 '북극 근무 수당'을 받았다. 문제가 끊이지 않았지만, 고집스럽게 5년 동안이나 에어돔 매장을 계속 운영했다. 그 사이에 탄력을 받아

데이네토미오카점과 쓰키사무점을 연 뒤에야 에어돔 매장을 테니스 코트로 빌려주었다.

데이네토미오카점을 개장할 때에도 큰 어려움이 있었다. 입지는 아주 좋았지만, 조금 높은 언덕에 잡목림으로 둘러싸여 있는 것이 문제였다. 포기하기에는 너무 아까운 곳이라 고민하다가 문득 '저 정도 언덕이라면 깎아 낼 수 있지 않을까?' 하는 생각이 들었다. 직원들은 비용이 너무 많이 들어간다는 이유로 맹렬하게 반대했다. 하지만 일단 목표가 서면 물러서지 않는 게 나란 사람이다. 결심이 서자마자 바로 400평의 토지를 구입해 언덕을 깎아 냈다. 그리고 1976년에 니토리 데이네토미오카점을 열었다. 너무 좋은 장소였기 때문에 언덕을 깎는 데 따르는 문제점은 나중에 해결하면 된다는 생각으로 밀어붙인 결과였다. 우선은 목표, 고민은 나중에. 이것은 지금도 니토리의 기업 문화로 자리 잡고 있다.

제 5 장

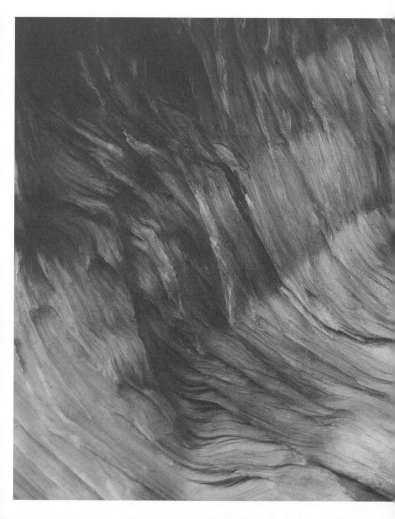

스승의 가르침을 지표로

인생의 스승을
만나다

이야기를 돌려 1973년으로 잠깐 거슬러 올라가 볼까 한다. 아사히카와 시에 있는 가구 공장에 계약을 맺으러 갔을 때였다. 응접실에 앉아 있다가 체인점 경영에 대한 책을 발견했다. 이 책에는 그동안 내가 고민하던 문제들에 대한 과학적이고 논리적인 답이 나와 있었다. 정말 놀라고 감동했다. 나는 그동안 감과 배짱에 의존해 지점 수를 늘려가며 좌충우돌하고 있었다. 시간, 노력, 자금을 쏟아부으면서도 실패투성이였다. 그런데 이 책을 읽는 순간 '여기 나온 대로 공부하고 실천하면 실패나 헛수고를 하지 않아도 될 것 같다'는 생각이 들었다.

그 책의 저자는 아쓰미 이치 선생님이었다. 도쿄대 법학부를 졸업하고 요미우리신문 기자를 거쳐 경영 컨설턴트로 활약하고 계신 분이었다. 기자 시절 휴일이면 전국 기업을 방문했는데, 그 수가 2,000개에 이르렀다. 그리고 성장 가능성이 크고 뜻을 같이 하는 기업들을 모아 체인 스토어 경영 연구 단체인 '페가수스 클럽'을 만들었다.

아쓰미 선생님의 책을 간략하게 정리하자면, 이론의 출발점은 체인점 점포 수가 100개, 200개로 늘어나면서 생기는 구매력buying power에 있었다. 이런 구매력은 유통업자에게 가격결정권을 주게 된다. 뿐만 아니라, 소비자가 서로 조화시켜 사용할 수 있는 상품을 기획해 공장에 주문할 수도 있다. 아쓰미 선생은 '상업 면에서 일본은 아직도 통제 국가다. 유통 혁명을 일으켜 경제에 진정한 민주주의가 뿌리내리도록 해야 한다'고 자신의 꿈을 이야기하고 있었다.

나는 어떻게 하면 페가수스 클럽에 들어갈 수 있는지 수소문했다. 마침 경영자 학습 모임에서 알게 된 자동차 용품 판매점 사장이 그 클럽의 회원이었다. 그에게 입회 방법에 대한 설명을 듣고, 1978년도에 정식으로 가입했다. 이 시기에 니토리의 사명도 '니토리 가구'로 변경했다. 그리고 해마다 직원들을 도쿄로 보내 체인 스토어 경영 연구에 대한 책들을 구매해 읽게 했다. 그 내용에 대해선 달마다 시험을 보고, 학습이 끝난 뒤엔 술집에 앉아 기탄없이 토론도 했다.

체인 스토어
경영 공부에 몰두하다

이즘 '니토리 가구'는 삿포로 시내에 아쓰베쓰점과 가와조에점을 개장하면서 착착 점포 수를 늘려가고 있었다. 하지만 경영은 교과서대로 되지 않았다. 회사의 경영 문화를 하루아침에 바꾸기 어렵기 때문이었다. 여전히 비과학적이고 되는 대로 일을 처리하면서 머릿수로 밀어붙이는 식이었다. 당시 나는 직원들에게 '장시간 노동'을 강요하며 무조건 열심히 하라고 강조했다. 하지만 체인 스토어 경영은 무조건 열심히 하지 않아도 되는 시스템을 추구한다. 내 방식과 완전히 반대였다.

1년에 두 번, 봄과 가을에 하코네에서 페가수스 클럽의 정책 세미나가 진행되었다. 이 기간 동안 숙박을 함께하며 다른 업종의 사장이나 간부들과 나누는 이야기는 내게 큰 자극이 되었다. 보통 500명 정도가 참여했다. 강연자로 나선 아쓰미 선생님은 "이 중에 성공할 사람은 100명 중 1명입니다. 이것은 인류의 경험 법칙입니다"라고 했다.

아쓰미 선생님은 일반 회사에서 일한 경험이 없는데도 현장 분위기를 누구보다 잘 알고 있었다. 연단에서 상사와 부하가 주고받는 대화를 흉내 낼 때면, 모두 격하게 공감하며 배꼽이 빠지도록 웃었다. 그는 웬만한 개그맨보다 더 뛰어난 유머를 구사하는 화술 천재였다. 모두 선생님의 강의에 푹 빠져서 듣고 있으면, "듣기만 해선 금방 잊어버려요. 적어요, 적어"라고 따끔하게 지적했다.

그다음부터는 모두 강의를 열심히 받아 적었고, 나중에 다시 정리하며 복습했다. 성공가도를 달리는 경영자들도 모두 열심히 메모했고, 잠자는 시간까지 아껴가며 공부했다. 선생님은 우리의 이런 모습을 보고, "혼자만 열심히 해선 소용없어요. 체인 스토어 경영이 자리 잡으려면 모두 힘을 합쳐야해요"라고 말했다.

처음엔 1년에 서너 번 세미나를 끝내고 이어지는 강의를 들었다. 나중에는 한 달에 한 번 강의를 들으러 갔다. 페가수스 클럽은 연매출 50억 엔 이상인 사업가가 참여하는 A클래스와 그 이하가 참여하는 B클래스로 나뉘어져 있었다. 물론 나는 B클래스였다. 어서 빨리 A클래스 사업가들과 함께 강의를 듣고 싶은 마음이 끓어올랐다.

어느 날 강의가 끝나고 A클래스 사람들이 나오길 기다리고 있었다. 그들의 모습을 보는 것만으로도 행복했다. "누가 나카우치 씨지?", "아, 저 분이 이토오 씨야." 내가 잘 알고 지내는 나카우치 씨는 낚시용 조끼를 입고 가슴 쪽 주머니에 연필을 가득 꽂고 있었다. 명품 양복을 차려입은 것도 아닌데 '역시 성공한 사람은 폼부터 달라'라고 저절로 감탄했다.

마치 아이돌을 바라보는 소녀 팬처럼 가슴이 두근거리기까지 했다.

아쓰미 선생님의 강의를 들으며 가장 어려운 점은 그대로 실천하는 것이었다. 상권 분석만 해도 아주 세심한 부분까지 확인해야 했다. 단순히 거리만으로 분석하는 것은 절대 금지였다. 예를 들어 주택지에서 자동차로 몇 분 걸리는가를 보는 데서 끝나면 안 된다. 만일 점포와 주택지 사이에 철도가 지나거나 강이 흐르면 상권은 바뀌어 버리기 때문이다.

인구 구성과 특징, 지리적 조건을 기본으로 판단하지만 5년, 10년, 15년, 20년 후의 인구 동태를 예측해야 한다. 그리고 경쟁 점포들은 어떤 상태인지도 점검해야 한다. 이런 것들을 모두 종합해 20년 후까지 내다보고 계획을 세운다. 하지만 이렇게 한다 해도 방향감각을 잃거나 과잉 설비투자를 하면 망하고 만다. 성공 아니면 도산이었다. 그래서 '페가수스 클럽 가맹 회사에 중간은 없다'는 말이 있을 정도였다.

당시엔 아쓰미 선생님의 가르침을 잘 이해하지 못한 면도 있었지만, 점포망이 넓어지면서부터는 충실히 따르려고 노력했다. 현재 니토리 지점의 평균 연령을 6년 이하로 유지하고 있다. 일단 문을 연 지점이라 해도 5년, 10년이 지나면 주변 인구와 사회 인프라가 변한다. 때문에 적절한 시기에 고객이 더 많이 모이는 장소로 이전하는 등 조정 작업을 한다. 니토리 성장 비결 중 하나가 지점을 항상 신선한 분위기로 날마다 새롭게 만드는 것이라고 본다. 보통 지점들은 이익을 내고 있으면 매장을 확장하거나 이전을 뒤로 미루고 만다. 하지만 그럴수록 시대 변화에 뒤처지지 않도록 스스로 변신을 거듭해야 성장할 수 있다.

점포 연령을 따져야 한다는 사실을 가르쳐 준 분은 아쓰미 선생님이었다. 나는 여기에 한 가지 사실을 더 추가했다. 점포의 실제 나이에 4배를 하면 사람의 나이와 비슷해진다고 본 것이다. 예를 들어 개장한지 6년이 지난 점포는 사람으로 치면 24세 청년기에 이른 셈이다. 한창 활기 넘치고 아름다울 나이다. 마찬가지로 10년 된 점포는 40세, 15년 된 점포는 60세이다. 따라서 점포도 개장하고 15년쯤 지나면, 슬슬 정년 퇴임을 해야 한다. 만일 20년이 지났는데도 영업을 하고 있다면 80대 노인이 장사를 하고 있다고 보아야 한다. 활력이 사라진 것은 물론이고, 죽음과 더 가까워진 상태이다. 그리고 보면 기업이든 사람이든 항상 젊음의 활력을 잃지 않으려 노력하는 자세가 필요하다.

페가수스 클럽에 입회하고 나서도 여전히 공부를 못했다. 학창 시절 내내 꼴찌를 자랑하던 모습이 하루아침에 바뀔 리

없지 않은가. 하지만 아쓰미 선생님으로부터 성적이 나쁘다고 핀잔을 들은 적은 한 번도 없었다. 오히려 "토끼보다는 거북이 이기는 법이야. 똑똑한 사람들은 자만하고 게으르기 쉬워. 솔직하고 유연한 태도로 묵묵하게 하는 것이 중요해. 둔중한 사람이 좋은 거야"라고 입버릇처럼 말씀해 주셨다.

확실히 재주가 많아 젊은 나이에 점장이 된 직원은 더 높은 자리로 승진하기 전에 싫증을 내고 그만두어 버린다. 하지만 둔중한 타입은 현장에서 착실히 훈련을 받고 경험을 쌓아 5년 후, 10년 후에도 힘을 발휘한다. 어릴 때부터 아버지로부터 "둔하고 머리가 나쁜 녀석"이란 말을 듣고 자란 내게 아쓰미 선생님의 말은 큰 용기를 주었다.

넘어졌다면, 일어나라!

삿포로 시찰에서
들은 꾸중

아쓰미 선생님이 이끄는 페가수스 클럽에 가입하고 2년이 지난 1980년도의 일이다. 아쓰미 선생님이 홋카이도에 강연을 하러 오신다고 해서 "저희 매장을 한 번 둘러봐 주십시오" 하고 부탁을 드렸다. 내가 운전하고, 상무가 뒷좌석에 앉아 아쓰미 선생님을 모셨다. 그런데 선생님의 질문에 상무로선 답하기 어려운 부분이 많아 거의 내가 답을 해 드렸다.

아쓰미 선생님은 옆에 앉은 상무에게 "자네가 사장 아닌가? 왜 제대로 대답을 못하는가?"라고 물으셨다. 그가 뒷자리에 앉아 있고, 내가 운전을 하고 있기 때문에 착각하신 것 같았다. 그래서 운전석에 앉은 내가 "사장은 접니다"라고 했더니, 크게 화를 내셨다

"왜 사장이 운전을 하고 있는 건가? 이동하는 지금 이 순간부터 문답은 시작이네. 경영을 아주 우습게 아는 회사구만. 그냥 돌아가겠네."

차를 멈추면 정말 내리실 것만 같았다. 이거 큰일 났다 싶었고, 선생님을 그대로 가시게 해선 안 되겠다고 생각했다. 선생님은 "어서 멈추게"라면서 차 문을 열려고 하셨지만, 나

는 오히려 속도를 올려 그렇게 하시지 못하게 했다.

　드디어 목적지인 아쓰베쓰점에 도착했다. 매장에 들어가서도 아쓰미 선생님은 단단히 화난 표정을 풀지 않으셨다. 내가 "죄송합니다"라고 몇 번이나 사과했지만 대꾸도 하지 않으셨다. 매장을 걷다가 처음으로 하신 말씀은 "뭔가? 이 짙은 초록색 카펫은?"이었다. "풀밭과 같은 이미지를 만들면 걷기 좋지 않을까 해서 깔아 보았습니다"라고 대답했더니, "무슨 소린가? 연한 색을 깔아야 상품이 눈에 띄지"라고 엄하게 지적하셨다.

　시찰 중에도 '이건 이래서 안 되고, 저건 저래서 안 돼'라고 하시면 계속 지적과 질문을 하셨지만 머릿속이 하얗게 되어 대답을 제대로 할 수 없었다.

　화내다 지친 선생님은 "잠깐 쉬지" 하면서 커피를 한 잔 가져오라고 하셨다. 사장이 꼼짝 못하고 심하게 꾸중 듣는 것을 본 직원들은 모두 겁에 질려 있었다. 매장 안은 쥐 죽은 듯 조용했다. 여직원이 긴장한 나머지 바들바들 떨리는 손으로 가져온 커피가 트레이 위에서 바르르 흔들렸다. 커피 잔이 받침 접시에 부딪히며 내는 달가닥달가닥 소리가 긴장감을 더했다. "거 좀 진정하지"라고 말했지만 여직원은 계속 떨었다. 어느새 트레이 위의 커피 잔을 들어 선생님께 건네는 내 손도 바들바들 떨리고 있었고, 달그락거리는 소리는 더 커졌다. 그 광경은 지금도 선명하게 기억이 난다.

선생님은 "아무튼 어떻게 손을 대야 할지 알 수가 없네. 가르쳐 봤자 시간 낭비일 것 같군"이라는 말씀을 남기고 돌아가 버렸다. 실제로 그즈음 니토리의 경영은 우왕좌왕 갈피를 못 잡았고, 선생님이 가르침을 줄 만한 여지도 없었다.

페가수스 클럽에서
도망치다

심하게 꾸중을 들은 뒤부터 아쓰미 선생님이 두려워졌다. 페가수스 클럽에도 2년 정도 나가지 않았다. 다시 미국에도 가 보고 외국의 전문 서적도 구해다가 혼자서 경영 플랜을 짜 보았다.

도저히 안 되겠다 싶어 다른 경영 컨설턴트를 모시기도 했다. 하지만 여전히 경영 상태는 우왕좌왕이었다. 새로운 컨설턴트는 아쓰미 선생님처럼 화를 내지 않았고 무턱대고 칭찬만 했고, 중요한 질문에는 제대로 답을 해 주지 않았다. 결국 계속 컨설턴트를 교체하다 보니 니토리를 거쳐 간 컨설턴트만 5명에 이르렀다. 그런데 매장 수를 늘리는 것은 물론이고 상품 제작, 조직 관리, 교육, 비용 절감 등 모든 면에서 조금도 나아지질 않았다.

'때리시는 것도 아니잖아. 야단맞는 것쯤이야 얼마든지 참을 수 있어. 역시 아쓰미 선생님밖에 없어'라고 생각하고, 다시 문을 두드렸다. 마침 아쓰미 선생님의 생신 파티가 있었는데 누군가 함께 인사를 드리자고 했다. 나는 마침 잘되었다 싶어 선생님께 페가수스를 그만두게 된 경위와 그동안 방황한 이야기를 있는 그대로 털어놓았다. 평소 조용하신 선생님이 웬일이신지 아주 큰 소리로 웃음을 터뜨리셨다.

다시 들어간 다음부터는 매월 아쓰미 선생님의 강의를 들으러 갔다. 여전히 지각생은 강의실에 들어갈 수 없었고, 반성문을 써야 했다. 강의 중에 옆 사람과 떠들면 분필이 날아들었고, 선생님으로부터 "나가시오!"라는 엄한 명령을 들어야 했다. 수업 중에 개인적인 이야기는 절대 금지였고, 강의실엔 긴장감이 팽팽하게 감돌았다.

연매출 50억 엔이 넘는 회사의 경영자들로 이루어진 A클래스는 특히 분위기가 진지했다. 그들은 공부도 열심히 할 뿐만 아니라 자신에겐 엄하고 주위사람들에겐 배려가 넘쳤다. 예를 들어 화장실에서도 손을 씻은 후 종이 타월을 1장만 뽑아 썼고, 다 쓴 타월은 휴지통 안에 깔끔하게 버렸다.

반면에 B클래스 사람들은 어딘지 제멋대로였다. 페이퍼 타월은 자기 물건이 아니라고 생각해서 그러는지 여러 장 뽑아 썼고, 함부로 버렸다. 휴지통에 제대로 넣지 않은 휴지가 바닥으로 넘쳐도 별로 신경 쓰지 않았다. 화장실도 더럽게 사용했다. B클래스에는 칠칠치 못한데다 자신에게만 너그러운 사람들이 많았다.

아쓰미 선생님에게 늘 혼나기만 했지만, 딱 한 가지 칭찬받은 일이 있다. 바로 매장의 위치이다. 선생님도 말씀하셨듯이 매장 위치를 고르는 데는 타고난 감이 중요하다. 감이 없는 사람은 아무리 공부를 해도 좋은 위치를 고르지 못한다. 선생님은 가끔 "니토리 군은 다른 것은 별로지만 위치 선정은 정말 뛰어나. 출점할 땐 니토리를 표본으로 삼을 만해"라고 추켜세워 주셨다.

아쓰미 선생님의
가르침

아쓰미 선생님의 가르침에는 '꿈과 비전'이 있어 의욕을 불러일으킨다. 선생님은 모든 사람들에게 풍요로움을 가져다주는 경제민주주의를 꿈꾸다 보면, 경영 비전이 생긴다고 하시며, 성공한 기업가는 꿈꾸는 로맨티스트라고 덧붙이셨다. 정말 옳은 말씀이라 생각했고, 나도 꼭 그런 사람이 되고 싶었다.

이외에도 아쓰미 선생님이 입에 침이 마르도록 강조한 말씀은 많다.

"지금 성공했다고 만족하지 마라. 현실을 늘 부정하며 날마다 새로워져야 한다. 현실을 그대로 지키려고 하는 순간부터 쇠퇴하기 시작한다."

"노름하지 마라."

"상좌에 앉아야 하는 연회석엔 가지 마라. 항상 말석에 앉아 나보다 나은 사람을 찾아다니며 배워야 한다."

"누구보다 빨리 신문을 읽고 새로운 정보를 머릿속에 새겨라. 그리고 그 정보를 누구보다 빨리 세상에 알리고 써먹어라. 경제 신문은 물론이고, 지역 신문, 전문지, 주간지, 월간지까지 틈만 나면 읽고, 좋은 기사는 스크랩해 둬라."

넘어졌다면, 일어나라!

인사 관리에 대해서도 선생님만의 독특한 생각이 있으셨다.

"신입사원일 때에는 10분 일찍 출근해서 10분 늦게 퇴근하도록 시켜라."

"연공서열 임금제로 젊은 직원들을 차별하지 마라. 40세 이상 직원들에겐 전문가 자격을 따는 시험을 보게 하고, 수치책임(달성 가능한 수치를 목표로 설정하고, 그에 대한 책임을 지는 것을 의미한다-옮긴이)만으로 평가한다. 부장 이상의 임원 자리에는 지금과 다른 방식을 제안하고 기존의 것을 새롭게 만들어 낼 수 있는 사람을 앉혀야 한다."

아쓰미 선생님께서 자주 했던 '선제주의'라는 말도 인상 깊었다.

"항상 다른 회사보다 먼저 운전해 갈 수 있는 것에 올라타야 한다. 목표물을 향해 갈 때 우리가 취할 수 있는 방법은 많다. 걷기, 자전거, 오토바이, 자동차, 비행기, 로켓. 남들과 같은 것을 타면 먼저 가는 사람을 이기기 어렵다."

아쓰미 선생님의 가르침에 심취해 있던 나는 이 말을 실천하려고 애썼다. 무슨 일에서든 항상 업계 최초가 되려 했다.

1980년대까지만 해도 재고관리 시스템은 대형 컴퓨터를 이용하였다. 그러다 서서히 PC가 도입되기 시작했고, 주변에서 사용하는 것을 보니 아주 놀라웠다. 거의 사용할 줄은 몰랐지만, '반드시 PC의 시대가 온다'는 생각이 들었다. 반대하는 직원들도 많았지만, 사장 직속 부서를 만들어 1년에 걸쳐 PC 도입 프로젝트를 실시했다. 정보 시스템이 확 바뀌자 이에 적응하지 못하고 퇴사하는 직원이 생기기도 했다. 하지만 이 일을 계기로 좋은 경영은 혁신에서 나온다는 것을 다시 한 번 확인할 수 있었다.

1995년부터는 광고 제작에서도 남보다 앞서 변화를 추구했다. 광고 회사에 맡겼더니 직원들이 몇 명이나 달려들어 쓸데없이 시간만 낭비했다. 그래서 디지털 카메라로 찍은 영상을 광고로 만들 수 있는 시스템을 인쇄 회사와 공동으로 개발했다. 디지털 화면에서 모든 전단지를 만들 수 있도록 했다. 이를 위해 사내에 전문 스튜디오도 설치했다. 아마도 일본 최초의 시도일 것이다.

하지만 아쓰미 선생님의 가르침 중 "골프는 하지 말 것. 취미도 금지"라는 규칙만은 지키지 못하고 있다.

넘어졌다면, 일어나라!

환상의
1기

기업으로서 성장하려면 중간 수준의 직원들만으로는 한계가 있다. 그런데 중소기업에는 우수한 인재들이 오지 않으려 한다. 역시나 대졸 사원 정기 채용이 필요하다. 나는 흰 캔버스에 자유롭게 그림을 그려나가듯이 인재를 길러 보고 싶었다. 지금에야 우리 회사도 1년에 500명 정도 신입사원을 뽑는 회사로 성장했지만, 창업 초기에는 인재를 구하지 못해 힘들었다.

1975년에 제1기 신입사원 7명을 뽑았다. '느슨하게 하면 경영이 안정되질 않아'라는 생각으로 엄한 신입 교육을 실시했다. 일주일에 한 번 찾아오는 휴일에도 공장 견학을 하도록 했다. 저임금에 중노동이었다. 회사의 경영 상황도 아직 어수선했다. 당연한 일이지만, 7명은 모두 곧 퇴사하고 말았다. 이 때문에 지금도 75년도 입사 직원들을 우스갯소리로 '환상의 1기'라고 부른다.

이 일로 인해 '니토리는 악덕 기업이다'라는 이미지가 생겨날 정도였다. 나는 이래서는 안 되지 싶어 일주일에 한 번은 쉬는 날로 하고, 100시간이었던 야근 시간을 절반으로 줄였다. 임금도 조금 올렸다. 다음 해인 1976년에도 신입사원을 뽑았고, 사실상 이들을 니토리 1기 공채 사원으로 여기고 있다.

이들을 뽑기 전에 모교인 홋카이가쿠엔 대학에 모집 공고

넘어졌다면, 일어나라!

를 붙이도록 했다. 어느 날 학생들의 반응을 살펴볼까 하는 생각에 대학으로 직접 찾아갔다. 그런데 모집 공고에 관심을 보이는 학생이 거의 없었다. 일단 신입사원을 뽑겠다는 목표를 정한 이상 그냥 물러설 내가 아니었다. 학생들이 많이 모이는 학생 식당으로 직접 찾아갔다.

"돈부리(덮밥)를 2인분씩 먹도록 해 줄 테니 내 얘기 좀 들어 보시겠습니까?"

돌아다니며 부탁했더니, 학생들이 모여들었다. 그들이 돈부리를 먹는 10~15분 동안 니토리 가구에 대해 열심히 설명하고 입사 지원을 하라고 선전했다.

마침 미국 시찰을 마치고 돌아왔을 때라 미국 유통업 현황에 대해서도 설명하자 관심이 있는 학생이 "그럼, 지금 니토리 지점은 모두 몇 개입니까?"라고 물었다. 아직 지점이 4개밖에 없고 매출은 4억 엔에 머물 때였다. 나는 실망하는 학생들에게 니토리의 로망과 비전에 대해 이야기했다. "조만간 매장 수를 100개로 늘리고, 매출은 1,000억 엔까지 끌어올릴 겁니다." 어찌 보면 허풍에 가까운 이야기였지만, 그래도 이때 마음이 움직인 학생들 15명이 입사했다.

성장을 지탱해 준
79년도 팀

니토리를 크게 변화시킨 계기를 만든 것은 1979년도에 입사한 직원들이다. 이들은 현재 니토리의 사업 담당 시라이 도시유키 사장과 이케다 마사키 전무 등 회사의 핵심을 이루어 '꽃 같은 4기'라 불리고 있다. 이들이 입사했던 1978년도는 경기가 안 좋아 대기업들도 저마다 직원을 뽑지 않거나 최소 인원만 채용했다. 그렇다 보니 명문대를 나온 인재들도 출신지로 돌아가 고향 기업에 취직하는 U턴 현상이 일어났다. 나는 '인재를 채용할 수 있는 다시없는 기회'라 생각하고, 임원들과 도쿄로 왔다.

우리는 구인 광고를 내고 호텔에서 신입사원 면접을 시작했다. 그 자리에서 합격자를 내정하고, 내정자들을 긴자 거리의 꼬치구이집으로 데려가 함께 술을 마셨다. 술자리는 늦게까지 이어졌고, 그중에는 집이 멀어 호텔방에서 함께 잠을 잔 사람들도 있었다.

그날 면접을 봤던 시라이 사장은 우쓰노미야 대학 공학부에서 화학을 전공한 학생이었다. 가구와는 무관한 공부를 했지만, 취업 잡지에 실린 니토리 광고에서 '완성된 물건만큼 하찮은 것은 없다'라는 문구를 읽고 감동을 받아 지원했다고 했다. 그리고 TV에서 본 고릴라 광고도 기발해서 인상에 남았다고 했다. 하지만 막상 니토리에 입사하게 되자 부모님은 장래가 불안한 회사라 반대했고, 주위 사람들의 반응도 별로였다. 심지어 '니토리 가구'란 회사가 있는 줄도 모르는 사람들이 "니토리 화학에 들어가는 거야?" 같은 엉뚱한 질문을 했다고 한다.

결국 남자 30명, 여자 6명이 1979년에 입사하게 되었다. 큰 연회장이 있는 삿포로 시내 식당을 예약해 전 직원이 모여 환영회를 가졌다. 사회자가 "신입사원 여러분은 모두 연단으로 올라와 주십시오"라고 했더니 연회장 좌석이 텅 비어 버렸다. 웃지 못할 희한한 풍경이었다. 사실 그때까지 니토리 직원 수는 모두 60명 정도였다. 신입사원이 전체 직원의 3분의 1을 차지하는 희한한 구조가 되어 버린 것이다. 정말 아무 계산도 없이 직원을 뽑은 꼴이었다. 하지만 대기업에서 채용을 줄이는 바람에 굴러 들어온 복덩어리들을 버릴 순 없었다. 어떻게든 그들을 니토리 사람으로 만들겠다고 마음먹었다.

신입사원을 너무 많이 뽑았기 때문에 그해 수익은 크게 줄었다. 인사담당자의 충언도 있어 그다음 해부터 몇 년 동안은 신입사원 채용을 자제했다. 경영 상태는 여전히 좌충우돌이었지만 4기 신입사원들은 상상 이상의 뜨거운 에너지로 무슨 일이든 열심히 따라 주었다. 그리고 니토리를 성장시키는 원동력이 되어 회사와 함께 성장해 나갔다.

기업의 뿌리는 역시 '사람'이다. 니토리가 아직 홋카이도에만 지점을 내고 있을 때부터 도쿄, 나고야, 오사카에서 일할 신입사원을 뽑았다. 90년대 중반에는 해외에서 일할 직원도 뽑았다. 보스턴(미국), 상해(중국), 베를린(독일)에서 유학생과 일본에 관심 있는 외국인 중에서 채용했다. 대부분 채용 당시에는 아무것도 결정되지 않고 시작도 하지 않은 상태에서 그곳에서 사업을 펼칠 것을 전제로 하는 상태였다. 목표를 먼저 세우고, 그에 필요한 것을 공격적으로 준비해 나아가는 니토리만의 경영 방식이 잘 드러난 예라 볼 수 있다. 또 "넌 머리가 나쁘니까, 우수한 인재를 곁에 두고 써야 한다"는 아버지의 가르침을 따른 것이기도 하다.

30년 계획을
세우다

1979년은 미래에 간부가 될 신입사원들이 대거 입사한 큰 전환기였다. 니토리는 그 전년도에 이미 체인 스토어 경영을 보급하기 위한 연구 단체인 페가수스 클럽에 회원사로 가맹한 상태였다. 나는 아쓰미 선생님의 가르침에 따라 장기 계획을 세우기로 했다. 당시 전체 매장 수는 7개였고, 연매출은 30억 엔에도 미치지 못했다. 분수에 맞게 100억 엔 정도로 계획을 세웠더니 선생님은 "좀 더 높은 계획을 세워 봐"라고 조언해 주셨다.

그래서 매장 수 100개, 매출 1,000억 엔이라는 터무니없는 계획을 세웠다. 처음 체인점 경영을 하기로 생각한 것이 1972년이었기 때문에, 그로부터 30년 후인 2002년을 목표 달성 시기로 정했다. 말도 안 되는 계획처럼 보였지만 그보다 1년 늦은 2003년에 정말 그 목표를 달성했다.

1979년도 신입사원들은 체인 스토어 경영에 관한 공부를 함께한 동료이기도 했다. 그때까지 니토리의 경영은 미성숙한 상태였다. 이를 해결하기 위해 직원들도 새롭게 도입하려는 체인 스토어 경영 이론에 대해 철저하게 공부했다. 아직 회사 규모가 작을 때였기 때문에 나도 그들과 자주 어울렸다. 함께 먹고 마시며, 회사의 장래에 대해 거침없이 토론했다.

매장, 상품, 매대 진열 방식 등 체인 스토어 경영 이론을 익히게 되자 직원들은 목소리도 점점 커졌다. "우리 회사의 방식이 이론에 어긋나는 것 아닙니까?"라고 반문하더니, 여기서 그치지 않고 경영 방식에 대한 의문과 개선책도 제시했다. 모두 회사를 생각하는 마음이 진지해져 가고 있다는 것을 느낄 수 있었다. 사장인 나도 그들의 열의에 감동할 정도였다. 1979년에 입사한 4기들은 니토리가 혼슈로 진출할 때 내 뒤에서 등을 밀며 힘을 더해 주었다.

제 6 장

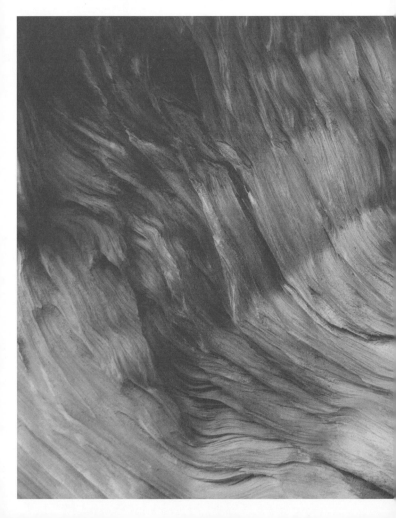

시 련 에 는 끝 이 없 다

최초로 도입한
가구 전용 자동화 창고

1 970년대 후반이 되자 1년에 최소 하나씩 매장이 늘어났고, 스크랩 앤드 빌드(낡은 설비나 조직을 정리해 새롭게 만드는 경영 방법이나 정책 - 옮긴이)도 시작했다. 80년대에 들어서면서 회사가 비약적으로 발전하기 시작했다. 앞으로 큰 도로가 들어올 예정인 삿포로 시 데이네 지구에 농지 5,000평을 싸게 구입했다. 평당 5,0000엔 정도였던 것으로 기억한다. 그즈음에 닛산 자동차 공장으로 견학도 갔다. 고층 건물 속에서 무거운 부품들이 자동으로 오르내리는 것을 보고, '이걸 가구 창고에 적용해 보는 거야'라는 생각이 반짝 스쳤다.

창고를 단층으로 지어도 직원들이 무거운 가구를 들고 옮기다 보면 시간과 인건비가 상당히 든다. 만일 자동화 시스템을 갖춘 창고를 짓게 되면 관리직 인건비에 전기세만 부담하면 된다. 이것은 시간과 노동력을 아주 저렴한 가격으로 사는 것이나 마찬가지이다. '내가 한 생각이지만, 정말 기가 막힌데…….' 하면서 혼자 싱글벙글했다. 직원들은 좀 미심쩍어 하면서도 "그런 거라면 삿포로 농지에 짓는 게 어떻습니까?" 하고 의견을 내놓았다.

기계 공장에 상의했더니 유통 기업으로선 최초의 주문이라고 했다. 다행히도 그곳 책임자는 내 생각에 흔쾌히 동의

했고, 원하는 설계도를 주면 그대로 만들겠다고 했다. 늘 그렇듯이 "우리가 유통업계 모델이 될 거니까 싸게 합시다"라고 넉살 좋게 말하면서 계약을 체결했다.

1980년 삿포로 데이네 지구에 일본 최초로 6층 높이의 가구 전용 자동화 창고가 들어섰다. 그 옆에는 가구 이외의 상품을 보관하기 위한 2층 높이의 창고도 지었다. 자동화 창고 덕분에 공장으로부터 물건을 대량으로 구입할 수 있게 돼 그만큼 가격을 낮출 수 있게 되었다. 그리고 빠르게 늘어나는 지점에 물건을 제때 공급하는 데 큰 도움이 되었다.

드디어 1982년에는 연매출 50억 엔을 돌파했다. '드디어 나도 페가수스 클럽 A클래스에 들어갈 수 있겠구나!' 하고 기뻐한 것도 잠시, A클래스의 가입 조건이 연매출 100억 엔으로 올라가고 말았다. 결국 여전히 B클래스에 머물러야 할 처지였다.

질투에서 시작된
나쁜 소문

니토리가 성장하면서 기존 업체와 동업 관계가 깨지기도 하고, 거래처도 바뀌었다. 업계로부터 질투 대상이 되어 나쁜 소문도 많이 떠돌았다. 덕분에 작은 사건에도 휘말렸다.

어느 날 형사에게 전화가 왔다.

"잠깐 밖에서 이야기 좀 나눌 수 있을까요? 사장님도 곤란할 테니까……."

"꺼림칙한 일은 하나도 한 적이 없습니다."

내가 당당하게 대답하며 응하지 않자, 형사는 삿포로 본사로 찾아왔다.

"여자 문제로 공갈과 협박을 당하고 계시지요? 수천만 엔을 갈취당하셨다는 제보가 있었습니다. 솔직하게 말씀해 주세요."

내가 그런 일이 없다고 하자, "이 가게에 간 적 있으시죠? 여기도요?" 하면서 사진을 내밀었다. 놀랍게도 형사는 내가 자주 다니는 술집을 꿰뚫고 있었다. 술 취해 돌아다니느라

넘어졌다면, 일어나라!

전혀 눈치채지 못했는데 이미 6개월 전부터 두 명의 형사가 나를 미행하고 있었다. 그즈음 나는 매일 밤 술집을 옮겨 다니며 한껏 취해 떠들고 노래 불렀다. 그 자리에 함께 어울렸던 여성이 애인과 문제가 있어 이상한 소문이 난 듯했다. 경찰은 "이런 소문은 80~90퍼센트가 진짜입니다"라면서 은행 계좌까지 세밀하게 조사했다.

나중에 들은 이야기이지만, 내가 공갈과 협박을 당한다는 소문은 가구업계에선 모르는 사람이 없을 정도로 파다하게 퍼졌다고 한다. 아무리 아니라고 해도 형사는 좀처럼 믿으려 하지 않았다. 은행 계좌 조사까지 했다고 해서 "어때요? 아무것도 없죠?"라고 말했지만, 어딘가 범인과 연결된 '비밀 계좌'가 있을 것이라 의심했다. "지역 새마을금고 같은 것을 이용하는 거 아닙니까?"라며 더욱더 철저하게 조사했다. 나중에는 "비밀은 철저히 지켜드릴 테니 협박당하고 계시다면 털어놓으시죠. 잘 해결해 드리겠습니다"라고까지 했다.

그렇게 한 달이 지나도 아무런 증거도 찾아내지 못하자 형사도 '혐의 없음'을 인정했다. 조사를 끝낸다고 선언한 뒤, 형사는 "그런 소문은 대부분 사실인데 참 희한한 일입니다"라며 고개를 갸우뚱거렸다. 사업이 궤도에 오르자 신이 나서 흥청망청 술을 마신 것이 문제였다. 밤마다 도가 지나친 유흥에 빠져 괴이한 소문이 퍼져 회사 이미지를 깎아먹고 있는 줄도 모르고 있었다.

당시 나는 술에 취하면 "새벽 세 시 전에 들어가면 남자가 아니지!" 같은 무책임한 말을 마구 지껄였다. 그리고 2차, 3차로 술집을 옮기며 독한 양주를 마셔댔다. 양주병을 다 비울 때까지 마시다 보면 갑자기 필름이 끊겨 나가떨어지는 사람도 생겼다. 그래도 다음 날이면 또 신나게 일했고, 일이 끝나면 피로를 풀답시고 또 술을 마셨다.

어찌 보면 아직 젊고 혈기왕성했기 때문에 가능한 일이었다. 당시 나와 술을 마시던 직원들은 한창 일밖에 모르고 살 나이인 마흔 전후의 남자들이었다. 니토리가 매장 수를 급격하게 늘려가던 1980년대였기 때문에 모두 기분이 한껏 고조되던 때이기도 했다.

넘어졌다면, 일어나라!

하코다테점의 성공이
발판이 되다

1

981년부터는 삿포로를 벗어나 홋카이도의 여러 지방 도시에 매장을 열었다. 지방 1호점은 도마코마이점이었다. 그런데 이 지점은 개장한지 얼마 안 돼 누전으로 불이 났다. 그 결과 건물이 내려앉을 정도로 심한 피해를 입고 말았다. 잘 풀리나 싶으면 무언가 사건이 터지는 게 니토리 성장 과정의 패턴이었다.

지방 매장 중에서 하코다테점은 니토리 역사의 큰 전환점이 되어 주었다. 이 지점을 열기 전에 땅을 보러 다닐 때 한 곳이 눈에 들어왔다. 국도를 따라 대형 할인 매장들이 들어서 있는 둘도 없이 좋은 장소였다. 앞에서 언급했듯이 니토리의 에어돔 설비를 맡았다가 본의 아니게 사직하고 독립하게 된 다다 군, 그리고 니토리의 매장 개발부 직원이 땅 주인과 협상하는 데 함께 갔다.

땅 주인은 조경 사업을 하는 오미란 여성이었다. 셋이서 함께 고개를 숙이며 땅을 빌려달라고 간곡히 부탁했지만, 돌아온 대답은 완강한 거절이었다. 나중에 오미 씨의 아들이 "그날 어머니가 이치토리 니토리 이노치토리(새 한 마리, 새 두 마리 그리고 일생일대의 실수. 목숨을 잃을 만큼 중요한 실수를 뜻하는 '이노치토리'가 니토리와 발음이 비슷한 것을 조롱하는 말이다-옮긴이)도 아니고……. 들어 본 적도 없는 회사에 소중한 땅을 빌려줄 수는 없다고 하셨습니다"라고 이유를 말해 주었다.

우리는 일단 물러나 근처 온천으로 갔다. 문전박대를 당한 기분도 풀 겸 온천도 하고 술도 마시며 작은 위로회를 열었다. 다음 날 아침, 다시 용기가 생겼다. 포기하지 않고 한번 더 도전해 보기로 했다. 이번에는 작전을 바꾸어 다다 군이 조용히 혼자 찾아가 협상해 보기로 했다. 오미 씨는 다시 찾아온 다다 군을 보고 "아직 돌아가지 않으셨습니까?"라고 깜짝 놀라며 집으로 들어오게 했다. 그리고 니토리의 사업에 대한 다다 군의 차분한 설명을 듣더니, "니토리가 아니라 오다 씨 당신을 보고 땅을 빌려주겠습니다" 하고 승낙을 했다.

드디어 최종 계약을 하는 날. 하코다테에서 다시 오미 씨를 만나게 되었다. 계약서에 도장을 찍기 전에 오미 씨가 "거래 은행은 어디입니까?"라고 물었다. 내가 "호쿠요 은행입니다"라고 했더니, "홋카이도 은행과는 거래하지 않습니까? 그렇게 신용이 약한 회사라면 땅을 빌려줄 수 없습니다"라고 또다시 못마땅한 표정을 지었다. 다시 계약이 체결되기도 전에 깨질 위기에 처했다.

당시 홋카이도 은행의 권위는 절대적이었다. 그런 은행이 이제 막 자리를 잡아가는 중소기업과 당장 거래를 터 줄 리 없었다. 허무하게 다시 삿포로로 돌아왔는데, 정말 하늘이

도왔다. 마침 다다 군의 형이 니토리 본사 근처에 있는 홋카이도 은행 지점장으로 발령이 났다. 그 분이 다다 군에게 사정을 듣고, 본사에 이야기를 잘해 주어 융자 허락이 떨어졌다. 게다가 은행 측에서 오미 씨를 만나 설득하는 데 도움을 주기까지 했다.

1983년 어렵게 빌린 땅 위에서 하코다테점이 드디어 문을 열었다. 이것으로 니토리 매장은 모두 11개로 늘어 체인 스토어 사업의 윤곽이 어느 정도 잡히고 있었다. 그때까지 한 매장당 연매출이 5억 엔 정도였는데, 하코다테점은 그보다 좀 더 높은 6억 엔을 목표로 했다. 하지만 뚜껑을 열어 보니 연매출은 12억 엔. 목표의 2배였다. 그때까지만 해도 담보 부족으로 자금 조달에 어려움이 많았다. 하코다테점의 성공으로 자금 사정이 단번에 좋아졌다. 창업 후 처음으로 경상 이익률이 5퍼센트를 넘어섰고 이제 '살아남을 수 있겠다'는 자신감이 붙었다.

매장 진열 상품 중 가구의 비중을 70퍼센트 이하로 낮추고, 가구에 어울리는 가정용품을 갖춘 홈퍼니싱 매장으로 변신을 추구했다. 매장명도 '홈퍼니싱·니토리'로 바꾸었다. 회사 이름도 '가구'를 뺀 '니토리'로 바꿨다. 니토리는 삿포로 지역뿐 아니라, 아사히카와 시, 하코다테 시, 이와미자와 시

등 홋카이도 전역으로 매장을 넓혀 갔다.

매장을 늘려 가며 체인 스토어 경영의 비결을 드디어 알게 되었다. 매장 수가 늘면 그만큼 물건을 대량으로 구입할수 있어 원가를 낮출 수 있고, 결국 판매 가격도 더욱 저렴하게 책정할 수 있다. 물론 경비 관리에는 철저해야 한다. 1986년도 이와미자와점 개장 행사 때에는 근처 료칸 한 층을 빌려 니토리 직원 20여 명이 숙박했다. 1인 1실은 사치였고, 좁은데서 함께 새우잠을 자야 했다. 물론 사장인 나도 그곳에서 같이 머물며 식사도 주먹밥으로 해결했다. 그해에 네 개의 매장을 새로 내는 동안 이런 일은 똑같이 반복되었다.

출점 규칙에
발목 잡히다

자금 사정이 안정되기는 했지만, 매장 수를 늘리는 데는 해결해야 할 큰 고민거리가 있었다. 당시 법에 따르면, 어떤 지역에 대규모 매장이 들어서려면 그 지역 경제계의 허가를 받아야 했다. 특히 삿포로의 기업이 홋카이도의 다른 도시로 진출하려고 하면, '공격하러 왔다'며 모두들 적의를 드러냈다. 규제가 엄한 정도에는 지역 차가 있었는데, 가장 힘들었던 곳은 오비히로 시였다. 무엇보다 오비히로 시에는 지역 경제계에서 오랫동안 거물로 활동해 온 큰 가구점이 세 개나 있었다,

어찌나 텃세가 심한지 지역 경제계 인물들에게 명함을 돌리자 그 자리에서 바로 찢어 버리는 사람도 있었다. 심지어 어떤 사람은 화과자를 선물로 주자 "독이라도 넣었는가?"라며 과자 상자를 눈앞에서 던져 버렸다. 대부분이 아예 협상 테이블에 앉으려고도 하지 않았다. 그래도 포기하지 않고 그들이 마음을 열고 대화하러 나올 때까지 수십 번도 더 찾아갔다. 창업 20주년 기념식이 열리던 1988년, 드디어 오비히로점이 무사히 문을 열었다.

좋은 제품을
찾아 외국으로

니토리 매장 수가 점점 늘어나자 '어떻게 하면 다른 회사보다 한발 앞선 가격 경쟁력을 갖출 수 있을까?'라는 생각이 들었다. 니토리의 생명줄은 '싼 가격'이었다. 까다로운 고객의 비위를 맞추기보다 '싼 가격'을 전면에 내세우는 게 판매엔 훨씬 효과적이다. 어떤 장사든 싸고 품질 좋은 물건을 팔면 고객은 제 발로 찾아온다.

1985년에 플라자 협정(미국의 달러화가 지나치게 강세를 보이자 이를 해결하기 위해 미국, 영국, 독일, 프랑스, 일본 5개국 재무장관들이 맺은 협약-옮긴이)이 맺어지면서 달러 환율이 급격하게 떨어지기 시작했다. 1달러에 250엔 대에서 120엔대로 내려가 엔화가 강세를 보이게 되었다. 수입을 본격적으로 해 봐야겠다는 생각이 들었다.

사실 플라자 협정 이전에도 수입은 하고 있었다. 그때는 주로 대만 물건을 들여왔다. 당시에는 무역 박람회 같은 것도 없었기 때문에 자력으로 구입처를 찾아내는 수밖에 없었다. 전화번호부를 보고 가구 공장에 연락한 뒤 가이드를 통역 삼아 직접 찾아갔다. 동서남북 각 지역의 공장들을 이 잡듯이 샅샅이 뒤지며 찾아다녔다. 무역의 abc도 모르는 상태에서 하나부터 열까지 배워가야 했다.

아시아 가구 공장들은 "물품 대금을 어떻게 지불할까요?"라고 물으면 대부분 "LC로 합시다"라고 대답했다. LC란 외국 공장에서 물품을 수입하고 돈을 지불해야 하는 사업자가 거래 은행으로부터 발급받는 신용장이다. 나는 이런 것이 있는 줄도 몰랐고, 수입품을 수송하는 방법도 처음으로 배웠다.

오로지 감에 의존해 해외 거래처를 찾았고, 무역하는 법도 실전에 부딪히며 하나하나 배워 갔다. 홋카이도에서 니토리와 거래하는 은행들도 무역은 처음이라 잘 모르겠다고 했다. 그래서 도쿄의 메가 뱅크와 거래를 트고 무역 관련 업무를 맡겼다. 무역을 시작하고 처음엔 우왕좌왕 실수 연발이었다. 하지만 이런 시행착오를 거치며 무슨 사업이든 스스로 개척해 나아가는 니토리의 기업 문화를 만들었다.

수입 초기에는 곳곳에서 문제가 발생했다. 대만에서 들여온 의자를 팔았는데 "이거 뭡니까? 집에 가져와서 앉았더니 의자가 부서져서 바닥에 머리를 찧었단 말입니다"라고 항의가 들어왔다. 이런 항의는 그 후로도 줄줄이 계속 되었다. 큰일이다 싶어 원인 조사에 나섰다. 원인은 대만과 홋카이도의 기후 차이였다. 습도가 높은 대만에선 멀쩡하던 의자가 습도가 낮은 홋카이도로 건너오면서 지니고 있던 수분을 잃게 된 것이다. 당연히 다리가 가늘어지고 바닥과 연결된 이음새도

헐거워졌다. 이 상태에서 누군가 의자에 앉으면 의자는 부서질 수밖에 없었다.

대만제 식탁에도 문제가 있었다. 미국 수출용으로 만든 것을 가져왔는데, 물걸레로 계속 닦으면 식탁 표면이 벗겨져 버렸다. 미국이나 대만은 식탁보를 씌워 사용하는 문화다. 일본에서처럼 식탁 위를 하루에도 몇 번씩 물걸레로 닦지 않는다. 당연히 표면을 내수성이 강한 재료로 처리할 필요도 없다. 대만 공장에는 이런 과정을 진행하기 위한 건조실 자체가 없었다.

그 외에도 일본 사양으로 주문해서 가져올 수 없는 식탁이나 소파에는 문제가 많았다. 식탁이든 소파든 일본인의 작은 키에 맞춰 사용하기에는 모두 너무 높았다. 그래서 다리를 잘라냈더니 이번에는 너무 낮아지는 바람에 사용할 수가 없게 되었다. 물론 처음부터 원하는 사양으로 발주하면 좋지만, 그렇게 따로 주문하기에는 양이 너무 적었다. 아직 니토리 매장 수가 그 정도로 많지는 않았기 때문이다.

이렇게 매번 실패를 하면서도 해외에서 물건을 들여오는데 여념이 없자, 이상한 소문이 돌기 시작했다. "현지에 애인이 있나 봐", "현지 공장에서 여자를 소개시켜 준대" 같은 터무니없는 이야기가 직원들 입에 오르내렸다. 아마 초기에는 주로 혼자 나갈 때가 많았기 때문일 것이다. 하지만 나중에는 쓸모없는 물건을 들여오지 않도록 '감시원' 역할을 하는 직원을 데리고 나갔다. 소문과 달리 우리의 일정은 늘 빡빡했고 고생도 많았다. 동행한 직원이 힘들어할 것을 알면서도 해외 출장에서 편하게 지내다 가는 일만은 용납할 수 없었다.

홈퍼니싱 회사의 길을 열다

회사의 경영자는 장기적인 관점으로 사업을 바라본다. 비록 내가 오너이기는 해도 사장은 때때로 직원이라는 저항 세력과 맞서 싸워야 하는 위치이다. 생각해 보면 지난 40여 년간 제조 회사 매입, 일본 최초 가구 전용 자동화 창고 설립, 가구 이외 생활용품 판매, '홈퍼니싱 판매 체제' 확립 등 굵직한 결정을 할 때마다 직원들의 반대는 거셌다. 페가수스 클럽에 가입한 뒤, 1979년에 니토리가 홈퍼니싱 사업에 새롭게 도전하겠다고 선언했다. 그러자 직원들은 "가구 판매만으로도 좋지 않습니까? 왜 그런 듣도 보도 못한 일을 하십니까?"라고 추궁하듯이 물었다.

"집을 꾸미며 즐겁게 사는 것이 홈퍼니싱이야"라고 설명해도 직원들은 고개를 갸우뚱했다. 그래서 "구체적으로 하다 보면 알게 돼. 후지 산도 멀리서 보면 아름답지? 하지만 자세히 물어보면 왜 그런지 대답할 수 없어. 가까이 가면 실상이 하나둘 보이기 시작하는 거야"라고 덧붙이면, "무슨 말씀인지 더 모르겠습니다"라고 대꾸했다.

결국 열심히 설득하는 나를 뒤로 하고 회사를 떠나는 직원들까지 생겼다. 나를 믿고 따라 주었으면 지금쯤 니토리의 임원이 되어 있을 텐데 말이다.

홈퍼니싱 사업은 안내자도 없이 어두운 길을 손으로 더듬어 찾아가는 꼴이었다. 매장 수가 늘어나면서 섬유 관련 제품의 수입을 늘리기로 했다. 우선 커튼을 알아보니 유럽에서는 대부분 무늬가 없이 깔끔한 단색 천을 사용했다. "니토리에서도 단색 커튼을 팔아 보자"라고 수입을 결정했다. 하지만 당시 일본 가정의 커튼은 100퍼센트 무늬 있는 천. 실내 장식에 대해선 센스고 뭐고 없던 시절이었다. 단색 커튼을 매장에 내놓았더니 거의 팔리지 않아 창고엔 재고가 산더미처럼 쌓였다.

실패의 원인을 조사하다가 '숫자의 마법'을 깨닫게 되었다. 처음엔 매장에 내놓은 커튼 중 20퍼센트 정도를 단색으로 했더니 고객들 눈에 띄지가 않았다. 하지만 그 비중을 30퍼센트로 높였더니 팔리기 시작했다. 20퍼센트 비중으로 했을 때에는 무늬 있는 커튼만 팔아도 판매 목표를 채울 수 있기 때문에 판매원들이 별로 신경 쓰지 않았다. 하지만 단색 커튼 비율이 35퍼센트 정도로 높아지면, 이것을 팔아야만 판매 목표를 달성할 수 있다. 때문에 자연스럽게 단색 커튼 판매량을 늘릴 수 있다.

'숫자의 마법'을 깨달은 다음엔 '니토리 컬러'를 만들어야 겠다는 생각이 들었다. 외국의 체인점들은 '스토어 컬러'를 가지고 있다. 쇼룸의 가구나 소품을 통일성 있는 색깔로 배치하는 것이다. 하지만 일본의 경우엔 홈퍼니싱 제품의 색깔들이 모두 제각각이었다. 따라서 서로 조화를 이루어 세련된 이미지를 만들어 내기 쉽지 않았다.

산처럼 쌓인 단색 커튼을 아주 싼값에 할인 판매를 하며 쓰라린 맛을 보았다. 어떤 물건이든 마음을 다하지 않으면 팔리지 않는다는 큰 교훈을 얻었다. 그다음부터는 매장에 전시한 커튼의 30퍼센트 이상을 질 좋고 저렴하고 색감도 좋은 단색 커튼으로 채워 넣었다. 그리고 몇 년 동안 정성을 다했더니 드디어 팔리기 시작했다. 지금은 단색 커튼 비중이 40퍼센트로 늘어난 상태이고, 전체 커튼 판매액의 60퍼센트를 차지하고 있다. 이와 비슷한 과정이 반복되면서 니토리는 홈퍼니싱 업체로 뿌리내리게 되었다.

바웬사 대통령의
초청

해외에서 물품을 조달하던 초기 시절, 폴란드에 얽힌 추억도 있다. 1980년대 초반 폴란드는 아직 사회주의 국가였다. 당시 나는 유럽 시장에서 싸고 품질 좋은 가구를 찾고 있었는데, 폴란드 제품이 눈에 들어왔다. 소나무 숲으로 유명한 폴란드는 가구에 쓰인 목재의 품질도 뛰어나고 공업도 발달한 나라였다. 어떻게든 이 나라 제품을 수입하고 싶었다. 늘 그렇듯이 세밀한 계획을 세우기 전에 일단 부딪혀 보기로 했다.

우선 폴란드 주재 일본 대사관부터 찾아갔다. "가구를 수입하고 싶습니다"라고 했더니, 직원이 친절하게 가구 공장으로 안내까지 해 주었다. 그 후 그릇장이나 서랍장을 중심으로 수입을 시작해 10년 정도 계속되었다. 양이 많을 때에는 억 단위로 물건을 들여오기도 했다.

그러는 사이에 폴란드의 바웬사 대통령이 일본을 방문하게 되었다. 대통령은 폴란드와 무역 규모가 큰 일본 회사 경영자들을 영빈관 만찬에 초청했다. 생전 처음 들어가 본 영빈관에는 천황을 비롯한 황족들이 모두 모여 있었다. 해외 관련 업무를 하는 공직자들에게 명함을 건넸더니 "처음 듣는 회사군요"라며 고개를 갸우뚱거렸다.

폴란드 가구는 좋은 소나무를 쓰고 색조도 아름다워

넘어졌다면, 일어나라!

20~30대 고객들에게 인기가 많았다. 하지만 수입하는 도중에 제품에 문제가 생기자 고객 항의가 이어졌고, 지금은 더이상 팔지 않게 되었다. 그래도 홋카이도에 있는 직원 휴양소에선 여전히 폴란드 가구를 쓰고 있다.

혼슈 진출
좌절

1 980년대 후반이 되자 니토리 매장은 홋카이도 전역으로 퍼져 나갔다. 이제 니토리는 홋카이도 안에서는 누구나 아는 기업이 되었다. 드디어 '혼슈로 진출 할 때'가 되었지만, 용기가 나지 않았다.

어느 날 직원들을 격려하며 "홋카이도를 위해 힘을 내 봅시다"라고 했더니 현재 니토리의 사장인 시라이를 비롯한 79년도 입사 4기들이 반발했다.

"일본에 미국과 같은 풍요로운 생활을 선물하는 게 니토리의 목표 아닙니까? 이대로 홋카이도에만 머무실 겁니까? 전국으로 넓혀 나가지 않으면 저흰 그만두겠습니다."

직원들의 결단을 듣고, 깊이 반성했다. 직원들은 사장인 나 이상으로 회사를 생각하며 자주성을 키우고 있었다. 아직 니토리 매출은 100억 엔에도 미치지 못하고, 경상이익률은 5퍼센트 정도일 때였다. 출점을 가속화하기 위한 경영 체력이 부족했다. 하지만 이때만큼은 직원들에게 등을 떠밀려 혼슈 진출을 결정했다.

나는 일단 결단하면 행동은 빠르다. 매장 개발부 직원들을 파견해 우선 지바 현의 3개 도시와 이바라키 현의 1개 도시에서 땅을 찾아보도록 했다. 착수금도 2억 엔 가깝게 나갔다. 하지만 혼슈 진출을 결정한 80년대는 일본 경제의 버블이 한창 심할 때였다. 건설비를 어림 계산해 보니 공사비와 자재비가 모두 턱없이 오르고 있었다. 한 매장당 건설비가 평당 40만 엔으로, 기존 매장을 건설할 때보다 2배 이상 올랐다.

아무리 계산기를 두드려 봐도 그 상태로 매장을 냈다가는 계속 적자만 날 것 같았다. 페가수스 클럽의 아쓰미 선생님께 상의했더니 "상황이 나쁠 땐 철수하는 용기도 필요하지. 그렇지 못해서 기업이 망하는 거야. 일시적인 손실을 보더라도 용기 있게 물러날 필요가 있어"라고 대답해 주셨다. 고민하고 고민한 끝에 4군데 땅 주인을 찾아가 매장 건설을 중지하겠다고 알리며 계약을 파기했다.

위약금을 모두 더하니 너무 큰 액수였다. 땅 주인에게 "위약금을 절반으로 깎아 주시지 않겠습니까?"라고 간곡하게 부탁했지만, "계약이 애들 장난입니까? 법대로 계약금의 2배를 주세요. 못하겠거든 소송을 하시든가"라고 오히려 화를 냈다. 몇 번이고 고개 숙이며 부탁해도 4명 중 단 한 명도 응하지 않았다. 홋카이도에서라면 인정상 들어주었을 텐데, 혼슈 사람들은 냉정하기 짝이 없었다.

그중에는 이미 건물 기초공사가 진행된 곳도 있었다. 건설

넘어졌다면, 일어나라!

중지를 통보했더니 건설 회사에서도 난리가 났다. 설계도도 쓸모없게 되었다. 결국 경상 이익이 6억 엔이던 시기에 4억 엔을 위약금으로 지불하게 되었다. 이런 시행착오가 없었더라면, 니토리의 증수증익은 37년을 기록했을 것이다.

삿포로
증권거래소에 상장

혼슈 진출에는 실패했지만, 홋카이도에서는 점포망을 계속 넓혀 나갔다. 1988년에는 삿포로 증권거래소에 상장하기로 결단했다. 사업은 계속 확장되고 있는데 자금은 계속 부족했기 때문이다. 회사가 계속 성장하려면 시장으로부터 자금을 모아서 투자하는 수밖에 없었다. 이듬해 삿포로 증시에 상장하여 50억 엔을 조달했다. 이어서 전환사채(일정 기간이 지나 보유자가 원하면 정해진 조건대로 발행 회사의 주식으로 전환할 수 있는 채권-옮긴이)를 발행해 자금을 더 모으기 위해 스위스로 가서 설명회를 열게 되었다.

이때 함께 가게 된 증권회사에서 유럽 여행을 시켜 주었다. 헬리콥터를 타고 하늘에서 몽블랑 산 근처의 풍경을 내려다보고 입이 떡 벌어졌다. 드넓고 푸른 초원과 날카로운 절벽이 어우러져 절경을 이루고 있어 감탄이 절로 나왔다. 절벽 위에서는 헬리콥터 소리를 들은 산양들이 놀라서 펄쩍펄쩍 뛰어다녔다. 빙하 지대에 내려 기이하고 아름다운 자연을 좀 더 가까이에서 즐길 예정이었지만, 바람이 너무 세게 불어 포기해야 했다. 아쉽기는 했지만, 결코 잊을 수 없는 감동을 느꼈다.

라인 강을 따라 내려가니 성이 보였다. 나는 원래 중세 유럽에 관심이 많았고, 기사 이야기를 좋아했다. 성에 머물며 중세 기사의 기분을 맛볼 수 있는 좋은 기회인 것 같아 놓치고 싶지 않았다. 성으로 찾아가 숙박비를 내고 머물고 싶다고 했더니 사람 좋아 보이는 성 주인이 흔쾌히 허락했다. 성에서 바라보니 즐비하게 늘어선 집들의 모습이 한눈에 들어왔다. 역사가 깊은 도시라는 것을 알 수 있었다. 그 후에는 전환사채를 발행할 때마다 유럽 여행을 떠났다.

넘어졌다면, 일어나라!

박힌 돌을 빼려는
굴러 온 돌

1980년대에는 매장 수가 계속 늘어났고, 해외에서 들여오는 상품도 많아졌다. 회사 규모가 커지니 인재가 부족했다. 체인 스토어 경영의 거장 아쓰미 선생님은 "인재를 스카우트하지 않고선 급성장을 할 수 없다"고 늘 말씀하셨다. 그래서 외부로부터 당장 실무를 장악할 수 있는 간부를 영입했다. 하지만 이 일이 내 뒤통수를 쳤다. 대형 할인 마트에서 스카우트해 온 사람을 상무 자리에 앉혔더니 "전 직장에 훌륭한 인재가 많습니다"라며 동료를 하나둘 데려오기 시작했다. 어느새 니토리의 이사 8명 중 5명이 그 할인 마트 출신이었다.

그들은 사내에서 발언권을 강화해 나갔다. 나는 다시 한 번 야무지지 못한 경영 태도로 위기에 처하고 말았다.

당시는 물류비용이 급격하게 상승하던 때였다. 대형 마트 출신들은 니토리의 저가격 정책으로는 물류비를 감당할 수 없다며 제품 가격을 올리기 시작했다. 내게도 "쓸데없는 말씀으로 방침을 흐릴 수 있으니까 매장엔 나가지 마세요"라고 압력을 가했다. 굴러 온 돌들에게 권력을 빼앗긴 나는 우울증에 빠졌다.

어느 날 보니 대형 마트 출신 상무와 내가 멘 넥타이가 같은 바겐세일 상품이었다. 내가 웃는 얼굴로 "야, 똑같은 넥타이네" 하고 말을 걸었더니, 갑자기 자신의 넥타이를 풀어 발로 밟은 뒤 휴지통에 던져 버렸다.

참고 참았던 분노가 폭발했다. 그들은 나를 지지하는 사장파 직원들에게도 서슴없이 불이익을 주거나 모욕을 주었다. 이러다가는 니토리는 경쟁 업체가 아니라 내부자들끼리 싸우다 망할 것 같았다.

"이런 인간들에게 더 이상 회사를 맡길 순 없어."

나는 예전에도 비슷한 일을 겪었기 때문에 어떻게 대처해야 할지 알고 있었다. 숨기고 있던 발톱을 뺴 들 수밖에 없었다. 그리고 한 명씩 차례대로 문제점을 찾아내 추궁하며 조용히 찍어 냈다. 결국 대형 마트 출신 이사들은 한 명도 남지 않고 전원 사퇴했다.

혼슈에
다시 도전하다

1993년, 다시 한 번 혼슈 진출에 도전하기로 했다. 90년대 들어서면서 일본 경제에 끼었던 거품이 꺼졌고, 땅값과 건축비가 쑥 내려갔다. 니토리는 1988년에 삿포로 증시에 상장하면서 노동조합도 결성해 회사로서 체제를 갖추고 있었다. 혼슈 1호점은 이바라키 현 하타치나카 시에 내기로 했다.

이번에도 마음에 쏙 드는 땅을 발견했다. 땅 주인은 유치원 경영자로 니토리 같은 회사는 들어 본 적도 없다고 했다. 하지만 언제나 그렇듯이 내가 직접 찾아가 "일본인의 삶을 풍요롭게 하고 싶습니다. 이곳을 기점으로 삼아 매장을 전국으로 확대하려 합니다"라고 목표를 이야기했다. 그는 길게 설명하지 않았는데도 단박에 내 꿈을 이해하고 공감했다. 그리고 자신의 땅에 니토리 매장이 들어서는 것에 대해서도 큰 호감을 보였다.

그런데 문제는 바로 앞에 니토리 평균 매장보다 세 배는 넓은 2,000평 규모의 가구점이 있다는 것이었다. 망설이지 않을 수 없었지만 "여기서 도망치면, 언제 혼슈로 진출할지 모른다"고 결단을 내렸다. 과감하게 출점하기로 했다.

걱정도 하고 대책 회의도 한 뒤 드디어 매장을 열었다. 대박을 터뜨렸다고는 할 수 없지만 목표치 매출과 수익은 확보했다. 같은 해 10월 지바 현 이치하라 시 외곽 지대에 혼슈 2호점이 문을 열었다.

위치가 지나치게 교외라 걱정이 되긴 했지만, 새로운 간선도로가 지나갈 예정이라 출점하기로 했다. 그로부터 20년이 지난 지금까지 도로는 건설되지 않고 있지만, 이 매장은 꾸준히 흑자를 내고 있다.

1994년에는 센다이 시에도 매장을 냈다. 다이에 마트(한때 일본 전 지역에 매장이 있을 만큼 규모가 큰 슈퍼마켓 체인점-옮긴이)가 가까이에 있는 좋은 입지였다. 이 매장도 큰 인기를 끌어 전국으로 매장을 넓혀 갈 발판이 되었다. '인구 밀집 지역의 매장은 반드시 성공한다'는 깨달음과 자신감도 얻었다. 이 시기부터 언론사에서 나를 취재하러 왔고, 기자들과 이야기를 나누는 과정에서 니토리의 '꿈과 열정'을 좀 더 확실히 정리해서 세상에 전하게 되었다.

니토리가 출점을 가속화할 수 있었던 것은 땅 주인들 덕분이다. 하코다테점의 지주인 오미 씨는 혼슈의 땅 주인이 시찰 왔을 때 손수 운전을 해서 매장까지 안내해 주었다. 그리고 차 안에서 니토리에 대한 칭찬을 하며 땅을 임대해 주도록 설득했다. 혼슈 1호점의 땅 주인도 다른 지점이 생길 때마다 그곳 땅 주인들에게 '인품이 좋다', '업적이 훌륭하다',

넘어졌다면, 일어나라!

'약속을 잘 지킨다'라며 나에 대해 좋게 얘기해 주었다.

실제로 계약 기간이 끝나기 전에 토지를 반환한 적은 한 번도 없었다. 매장이 오래되면 리모델링을 했고, 만일 그것도 여의치 않아 다른 곳으로 이전하게 되면 우리가 손해를 볼지언정 땅 주인에겐 조금도 피해가 가지 않도록 했다. 가끔 주변 토지를 사서 매장을 확장하는 경우도 있었는데, 충분한 양해를 구한 뒤여서 소송 같은 문제는 한 번도 생기지 않았다.

니토리 매장의 땅 주인들은 니토리의 주주이기도 하다. 1년에 한 번씩 200~300명 정도 되는 땅 주인들을 홋카이도의 시레토고 반도, 오누마 같은 명승지로 초대한다. 우선 1년 동안의 업적 보고와 사업 방침에 대한 설명을 한 뒤 연회를 열고, 2차에서는 내가 무대에 올라가 구성진 노래 가락을 뽑는다.

가구 공장
매입

조금 시간을 거슬러 올라가 제조 소매업과 관련된 이야기를 해 볼까 한다. 물품 구입과 관련해 한동안 시행착오를 겪고 있을 때였다. 1986년 아사히카와 근교에 있는 가구 제조 업체인 '마루미쓰 목공'의 사장 마쓰쿠라를 만나게 되었다. 우리는 기질적으로 잘 맞았고, 가구 제작에 대한 생각도 비슷해 해외 출장도 자주 함께 갔다.

그런 마쓰쿠라가 어느 날 내 방으로 헐레벌떡 뛰어 들어왔다.

"사촌이 운영하는 회사에 매수당하게 생겼어. 어쩌면 좋겠나. 나 좀 살려 주게."

신문에 발표되는 것은 3일 후라고 했다. 손을 써 볼 시간이 얼마 남지 않았다. 하지만 형제처럼 여기는 사람이 곤경에 처했는데 모른 척할 수는 없었다. 어떻게든 발 벗고 나서야겠다고 생각하며, 그 길로 니토리의 주거래처인 호쿠요 은행의 상무를 찾아갔다. 마침 골프를 치고 있어 골프장 안까지 들어가 도와달라고 부탁했다.

상무는 "이런 일은 임원 회의를 거쳐 결정해야 합니다. 지금 내가 어떻게 해 볼 수 있는 일이 아닙니다"라고 거절했다. 하지만 그 정도에서 물러설 내가 아니었다. 목표가 정해지면 될 때까지 물고 늘어져야 하는 법. 골프 카트에 달라붙다시피 하며 사정을 했다.

"그동안 우리가 쌓아 온 의리를 생각해서라도 좀 봐주십시오. 지금 대답을 들어야겠습니다."

결국 내 끈질긴 설득에 두 손을 든 상무는 "그럼 니토리 사장님이 책임진다고 약속하십시오"라며 자신의 자리를 걸고 힘써 보겠다고 승낙했다. 이렇게 해서 1987년에 니토리는 마루미쓰에 출자하게 되었다.

원래 마루미쓰는 모회사에 작취당하는 시스템 아래 있었기 때문에 만성 적자에 허덕였다. 하지만 니토리 아래로 들어와 합리적인 경영을 하게 되자 단번에 흑자로 돌아섰다. 그리고 마루미쓰를 통해 니토리의 해외 조달 루트가 폭넓게 확장되어 회사가 성장하는 데 크게 기여했다.

하지만 한 가지 걱정이 있었다. 페가수스 클럽의 아쓰미 선생님이었다. 선생님은 늘 유통업자나 소매업자가 공장을 소유하는 것에 반대하셨다. 나는 선생님께 꾸중을 들을까 무서워 한동안은 마루미쓰 인수에 대해 말씀드리지 않았다.

마루미쓰 공장이 아직 아사히카와에서 운영되고 있을 무렵에는 나무를 미국, 러시아, 캐나다에서 주로 수입했다. 마츠쿠라는 상사를 통하지 않고 직수입하는 것을 원칙으로 삼았다. 그는 영어를 잘하지 못하는데도 항상 통역도 없이 현지로 갔다. "카드 한 장만 있으면 어떻게든 돼"라고 자신 있게 말하는 그를 보고 대단한 사람이라고 생각했다.

마쓰쿠라와 함께 알래스카로 나무를 사러 갔을 때 루어낚시를 해 보기로 했다. 휴일에 비행기를 타고 빙하를 넘어 바다로 나갔다. 큰 물고기들이 바글거리는 곳으로 낚시를 던지자 고기들이 몰려들어 덥석덥석 물었다. 물고기의 힘이 워낙 세서 바다로 끌려 들어갈 뻔한 적도 있었다. 간발의 차로 현지 가이드가 구해 줘 겨우 살았다. 위험하긴 했지만, 할수록 재미있는 게 루어낚시였다. 틈만 나면 달려들어 무는 각다귀도 낚시에 몰두하는 것을 방해하진 못했다. 그러고 보니 캐나다에서 아쓰미 선생님과 연어낚시를 한 것도 그리운 추억으로 남아 있다.

러시아에서는 현지 전력 회사와 제휴를 맺어 통나무를 잘라 가구용 목재를 만드는 작업도 했다. 마침 그곳은 아버지가 젊었을 때 강제 노역을 했던 하바로프스크였다. 묘한 감

정이 솟구쳤다. 함께 일하는 러시아인들과 보드카를 마시고
춤을 추며 즐거운 시간도 가졌다.

인도네시아
진출

1993년에 인도네시아에 현지 생산 법인을 만들었다. 이 일은 니토리가 혼슈에 진출한 이듬해 매수한 마루미쓰 공장을 통해 이루어졌다.

니토리가 인도네시아에 진출하기까지는 사연이 많았다. 1987년에 니토리 산하로 들어온 마루미쓰의 사장인 마쓰쿠라는 사촌이 경영하는 가구 공장을 매수하려고 달려들었다. 나는 "국내 공장으로는 한계가 있어. 해외로 눈을 돌려 봐"라고 반대했다. 하지만 그는 듣지 않았다. 사실 마쓰쿠라가 매수하려는 회사는 앞에서도 잠깐 언급한 곳으로 그 사장이 위기에 몰린 마루미쓰를 매수하고 마쓰쿠라를 해고하려 했던 곳이다. 아무래도 마쓰쿠라는 그 일 때문에 감정의 앙금이 남아 있는 듯했다. 남도 아닌 사촌이 그랬기 때문에 더욱 용서하기 힘들었을 것이다. 나는 그 사실을 알기 때문에 '사업은 어디까지나 사업이다'라고 생각하며 극구 반대했다. 하지만 마쓰쿠라가 끈질기게 설득하는 바람에 결국 내가 지고 말았다.

그런데 매수한 회사의 사장은 해고당하기 전에 자기 몫을 단단히 챙겨 도망갔다. 그리고 홋카이도에서 규모가 두 번째로 큰 도매상을 차렸다. 남은 것은 공장과 반으로 줄어든 종업원, 그리고 갚아야 될 빚이었다. 이후 이 회사는 1년에 1억 엔 씩 적자를 내기 시작했다.

이런 일이 있었는데도 마쓰쿠라의 완강한 고집은 좀처럼 꺾이질 않았다. 당시 홋카이도의 가구는 주변 아사히카와 등지에서 인기가 있었다. 마루미쓰는 니토리 아래로 들어온 이후에도 해외 백화점에서 팔기 위한 가구에 중점을 두고 생산했다. 대부분 고급 목재를 사용한 대형 가구였다. "니토리 매장에 어울리게 싸고 작은 가구를 만들어 줘"라고 했지만 "가구 제조업과 소매업은 다른 거야"라며, 내 말을 들으려 하질 않았다. "무슨 소리야. 어차피 고객은 같잖아. 팔리는 걸 만들어야지"라고 핀잔을 줘도 마쓰쿠라의 생각은 좀처럼 바뀌지 않았다.

결국 실적은 조금도 나아지질 않았다. 1989년에는 싱가포르에 현지법인을 설립하고, 태국과 중국에서 가구 문짝 같은 부품을 만들도록 했다. 처음에는 현지에서도 대환영이었다. 노래와 술이 넘치는 회식까지 열어 주었다.

마쓰쿠라는 새롭게 시작해 보겠다면서, 시스템을 확 바꾸었다. 싱가포르와 태국에서 가구 부품을 수입해 아사히카와 근교 공장에서 조립을 시작했다. 목수들의 인건비를 줄일 수 있는 획기적인 방법이었지만 실적은 그다지 좋지 않았다. 고객 항의도 많이 들어왔고, 부품별 가격도 차츰 상승했다. 제휴해서 작업하는 외국 공장의 간부들도 별로 열심히 일하지 않았다.

마루미쓰가 처음 니토리 아래로 들어올 때 마쓰쿠라 사장의 월급은 120만 엔이었다. 하지만 마루미쓰가 계속 적자를 내자 월급이 점점 줄어 40만 엔까지 내려갔다. 여덟 식구가 살아가기엔 모자라는 액수였다. 결국 그는 결단을 내렸다.

"역시 경영권을 확실히 쥐고 공장을 운영해야 할 것 같아. 현지인들에게만 맡겨선 안 되겠어."

나는 이때다 싶어 다시 한 번 그에게 해외 현지 생산을 제안했다. 결국 마쓰쿠라는 직원 15명을 데리고 인도네시아로 나가겠다고 했다.

넘어졌다면, 일어나라!

국내 공장
폐쇄

은행의 권고도 있고 해서 해외 공장 후보지는 수마트라 섬의 메단으로 정했다. 공항과 가깝고 공업단지도 있는 데다 요코하마에서 배가 오가는 도시였다. 현지 사람들 평균 월급은 3,000엔으로 인도네시아의 수도인 자카르타보다 2,000엔이나 쌌다. 더없이 좋은 조건이었다. 마침 인도네시아 정부가 외국 자본 규제 완화 정책까지 펴고 있었다.

현지법인은 메단에 만들기로 하고 9,000평 부지에 공장을 건설했다. 이 공장이 본격적으로 가동되기 시작한 1996년에는 아사히카와 근교의 공장을 아예 폐쇄해 버렸다. 마쓰쿠라에겐 "이제 퇴로는 끊겼어"라고 뼈 있는 농담을 던졌다.

현지 문화를 모르고 달려든 탓에 처음엔 충격적인 일투성이였다. 직원이 화장실에 간다고 나가 돌아오지 않거나 부품이나 전선을 가지고 도망가는 등 상상도 못한 일들이 매일 발생했다. 놀랍게도 무게가 1톤이나 나가는 기계까지 사라져 버렸다. 그 후로 공장 곳곳의 출입구에 금속 탐지기를 설치해 기계나 부품을 가지고 나가면 경보기가 울리도록 했다.

문제는 직원뿐이 아니었다. 하루가 멀다 하고 외부에서 도둑이 들었다. 그래서 2미터 가까이 되는 벽을 4미터 높이로 증축했더니, 이번에는 벽에 구멍을 뚫고 들어왔다. 그래서

벽 두께를 두 배로 증축했다. 하지만 지치지도 않는 도둑들은 지하로 굴을 파고 들어왔다.

나는 인도네시아에 공장을 지을 때 파파야, 망고, 야자나무를 심어 따 먹어 보는 게 꿈이었다. 그래서 공장 담벼락을 따라 400그루 정도를 심었다. 그런데 도둑들이 이 나무에 숨어 있다 들어오는 경우가 많았다. 범죄의 온상을 그대로 둘수는 없었기 때문에 눈물을 머금고 나무를 모두 잘라 냈다.

온갖 노력을 다했는데도 범죄는 여전했다. 사실 3교대로 이루어지는 경비원들에게도 문제가 있었다. 항상 이들이 교대하기 직전에 물건이 대량으로 사라졌는데, 서로 협조하고 있어 누가 범인인지 잡아낼 수가 없었다. 결국 세 명을 모두 해고하기로 했다. 그러자 이들은 기관총을 들고 와 "전부 죽여 버리겠어"라고 협박했다. 그중 한 명은 청룡도를 난폭하게 휘둘러 현지 직원의 팔과 손을 잘라 버렸다. 경찰 수준에선 감당하기 어려운 집단이었다. 인도네시아 해군과 관계된 회사에 경비를 맡겼더니, 간신히 그들을 쫓아내고 도둑을 막아 낼 수 있었다. 그러나 단속을 강화한 후에도 범죄를 완전히 뿌리 뽑지는 못했다.

당시 인도네시아는 화교가 경제적인 부를 독차지하고 있었다. 그러다 보니 현지인들은 차별받았고 가난했다. 화교에 대한 이들의 증오심은 뿌리 깊었고, 덩달아 다른 외국 자본을 바라보는 시선도 곱지 않았다.

니토리는 일찌감치 "전 세계 어떤 나라에서도 차별을 하지 않는다"고 선언했다. 인도네시아에서도 몇 년에 걸쳐 공장장을 비롯한 임원들을 모두 현지인으로 대체했다. 직원을 관리할 때엔 신상필벌(信賞必罰)을 철저한 원칙으로 삼았다. 개근을 하면 텔레비전, 라디오, 카메라와 같은 전자 제품을 상으로 주었고, 옐로 카드제를 도입해 세 번 문제를 일으키면 해고했다.

하지만 정치적 환경이 워낙 불안한 나라여서 폭동이 빈번하게 일어났다. 1998년에는 화교 수천 명이 폭동으로 피해를 입었다. 학살과 강간이 아무렇지도 않게 일어났고, 거리엔 시체가 나뒹굴었다. 마쓰쿠라도 며칠 동안 감금당했다. 다행히 평소 현지인들을 공평하게 대하며 처우 개선에 노력했기 때문에 마쓰쿠라를 비롯해 니토리 공장이 입은 피해는 거의 없었다. 물론 상황이 어떻게 바뀔지 몰랐기 때문에 도망 나올 길을 세 가지 정도 마련하고 배도 준비해 놓았다. 하지만 현지 직원들이 오히려 단결해 일본인 임원들을 지켜 주고 회사도 정상적으로 가동되도록 해 주었다.

거래 은행의
파산

인도네시아 공장은 초기에 적자가 계속됐다. 하지만 1997년 태국을 진원지로 시작된 아시아 통화위기 때 상황이 급변했다. 인도네시아 현지 통화인 루피아의 가치가 3분의 1로 떨어졌기 때문이다. 임금을 비롯한 모든 생산 비용이 3분의 1로 내려갔다. 이런 환율 차이에서 연간 2억 엔이나 이익이 나자, 영업이익률이 30퍼센트 상승했다. 그 외 여러 가지 상황과 조건이 니토리에게 유리해져 인도네시아 공장은 급성장했다. 직원 수는 1,400명으로 늘었고, 공장 규모도 훨씬 커졌다.

평소 유통업자가 공장을 경영하는 것에 반대했던 아쓰미 선생님도 놀랐다. "한 번 보고 싶네"라고 하셨고, 내가 직접 현지까지 모시고 갔다. 선생님께서 시찰하시는 동안 언제나 그렇듯이 잔뜩 긴장해서 꾸중이라도 들을까 조마조마했다. 그런데 선생님은 현지 공장이 활발하게 돌아가는 모습에 크게 감동 받으셨고, 이후 이 분야에 대해 열심히 연구하셨다.

그런데 1997년 늦가을 아쓰미 선생님을 모시고 인도네시아 공장을 둘러보고 있을 때 일본에서 큰 문제가 터졌다. 주거래 은행인 홋카이도 은행과 간사회사(기업체가 주식이나 사채를 발행할 때 이를 인수하는 측을 대표해 관련된 사항들을 결정하는 회사-옮긴이)인 야마이치 증권이 파산한 것이다.

넘어졌다면, 일어나라!

먼저 파산한 것은 80년대부터 주거래은행이었던 홋카이도 은행이었다. 1997년 11월 인도네시아 공장을 시찰하다 그 소식을 들었다. 나는 홋카이도와 거래하는 젊은 경영자 모임 회장을 맡고 있어 은행의 고위 임원들과 골프를 치거나 식사를 할 일이 꽤 있었다. 그때마다 아주 엄격한 경영을 하고 있다는 느낌을 받았기 때문에 설마 파산하리라곤 상상도 못했다. 정말 마른하늘에 날벼락이었다.

인도네시아 시찰 후엔 호주에서 열리는 대학 동창회에 아내와 함께 참석할 예정이었다. 하지만 이런 상황에서 외국에 나가도 되는 건지 불안했다. "스위스 은행에선 아무 말도 없었나?"라고 경리부에게 물었더니 "간사회사인 야먀이치 증권이 있으니까 괜찮습니다. 경영상 아무 문제도 없습니다"라고 대답했다. 그 말에 조금 안심하고 아내와 함께 호주로 떠났다. 하지만 곧 야마이치 증권도 파산하고 말았다고 호주로 연락이 왔다.

"스위스 은행이 3일 이내에 50억 엔을 갚으라고 합니다. 만약 지키지 못하면 우리 회사는 채무불이행으로 부도나고 맙니다."

나는 깜짝 놀라 혼자서 급하게 귀국했다.

니토리 창업 초기 주거래은행은 호쿠요 은행이었다. 하지만 이 은행은 모든 일에 신중한 심사를 거치기 때문에 처리하는 데 시간이 많이 걸렸다. 반면 홋카이도 은행은 니토리에 협조적이고 융자를 신청해도 처리하는 속도가 무척 빨랐다. 보통 한 달 안에 자금이 융통되었다. 그러다 보니 "이렇게 편리한 은행이 또 어디 있겠어!"라며 홋카이도 은행으로 거래를 하나둘 옮기게 되었고, 결국 주거래은행도 바꿔 버렸다.

1996년도에 50억 엔에 해당하는 전환사채를 발행했고, 스위스 은행이 이를 인수했다. 이때 보증을 선 회사가 홋카이도 은행과 야마이치 증권이었다. 그런데 두 회사가 모두 파산하자 불안해진 스위스 은행이 전환사채 원금을 빨리 갚으라고 요구하게 된 것이다. 하지만 니토리는 현금 대부분을 매장을 늘리는 데 투자하고 있어 자금이 부족했다. 그렇다고 바로 50억 엔을 빌려줄 금융기관을 찾기도 어려웠다.

넘어졌다면, 일어나라!

스미토모 신탁의
도움

최후의 보루는 스미토모 신탁(현재 미쓰이스미모토 신탁)이었다. 거래는 적었지만, 더 이상 알아볼 데가 없었다. 2호점을 내기 위해 융자를 받으러 다닐 때처럼 외모 점검부터 시작했다. 중저가 브랜드의 양복을 사 입고, 파랑색과 분홍색이 알록달록한 넥타이를 맸다. 눈썹도 선명하게 그리고 볼에 홍조를 띠도록 화장도 했다.

처음으로 대면하게 된 삿포로 지점장에게 활짝 웃으면서 이렇게 말했다.

"홋카이도 은행이 부도나는 바람에 50억 엔을 스위스 은행에 바로 상환해야 합니다. 미쓰이나 미우라 쪽에서도 빌려준다고 하지만, 예전부터 스미토모가 친절해서 좋았습니다. 이번 융자를 통해 거래를 넓혀 주거래은행으로 삼고 싶습니다만."

물론 "지금 바로 대답을 듣고 싶습니다"라고 덧붙이는 것을 잊지 않았다. "대출금 중 원하는 만큼 니토리 주식으로 전환해 가지셔도 되고, 지불 조건도 스미토모에 맡기겠습니다"라고 은행이 좋아할 만한 조건을 내세웠다. 지점장은 즉시 본점 전무에게 전화를 걸어 상의했다. "좋아. 대신 일이 잘 안되

넘어졌다면, 일어나라!

면 모두 지점장 책임이야"라고 반쯤 승낙이 떨어졌다.

지점장은 "니토리 사장님이 열정을 다하시니, 저도 제 자리를 걸고 뛰어들겠습니다"라고 말하며, 교섭을 순조롭게 마무리 지어 주었다. 나는 기쁜 나머지 터져 나올 듯한 함성을 억누르며 지점을 나섰다. 그리고 재빨리 스위스 은행에 50억 엔을 상환하겠다고 통보했다. 그런데 스위스 은행은 재촉할 땐 언제고 이제 와서 굳이 상환하지 않아도 된다고 했다. 새로운 보증 기관이 생겼으니 안심하고 그러는 것이었다.

스미토모 신탁의 지점장에게 50억 엔이 필요 없게 되었다고 얘기하자 지점장은 난처해했다. 애써 전무의 허락까지 받은 일이 하루아침에 무산되었기 때문이다. 그는 "그럼 제 입장은 어떻게 되는 겁니까?"라고 항의했다. 나는 그 심정이 충분히 이해되었기 때문에, 일단 20억 엔 정도 빌리고 그대로 예금하기로 했다.

이후 스미토모는 미쓰이에게 합병되어 미쓰이스미토모 신탁이 되었다. 그리고 이 회사의 지점장들 사이에선 '니토리를 구한 일'이 두고두고 화제가 되었다. 그래서 '힘들면 니토리에게 가 봐'라는 말이 유행했다. 스미토모 신탁이 니토리에게 둘도 없는 은인인 것만은 사실이다. 나중엔 이 회사의 최고 경영자와도 친해져 깊이 있는 교제를 나누게 되었다.

사실 스위스 은행으로부터 상환 독촉을 받을 때 도와주기는커녕 더욱더 궁지로 몰아넣은 은행도 있었다. 예를 들어 한 거대 은행은 원래 해 주기로 했던 융자까지 거절했다. 너무 화가 나서 금융 위기가 지나간 뒤, 이 은행과는 거래를 끊어 버렸다. 몇 년 후 당시 담당자는 최고 경영자가 되었고, 일부러 삿포로까지 찾아와 내게 사과를 했다. 마이크를 잡고 노래 부르는 일엔 서투른 사람으로 알았는데 나를 가라오케로 데려가 분위기를 띄우느라 열심이었다. 물론 지금은 서운함 같은 것은 다 털어 버렸고, 거래도 다시 이어지고 있다.

미나미마치다점이
크게 성공하다

주거래은행 파산 사태를 겪고 1년 후. 1998년 미나미마치다점(도쿄 도 미나미 시)을 개장한 것은 니토리에게 역사적 전환점이 되었다. 사실 관동 지방에는 지바 현이나 이바라키 현을 중심으로 매장을 이미 낸 상태였지만, 이익률은 하나도 늘지 않고 있었다. 그래서인지 도쿄 도나 가나가와 현 쪽으로 진출하는 것은 위험해 보였다. 그런 시기에 개발 부서가 도쿄 도 미나미 시에서 부지 하나를 찾아냈다. 도큐(도쿄 급행전철주식회사)가 소유하고 있는 빈 땅이었다. 일본의 가장 중심부로 들어갈 기회였다. 두렵다고 놓칠 순 없었다.

"도쿄 지역의 중심이 되는 매장을 내고, 이것을 기폭제로 삼아 일본 전체에 매장을 내고 싶습니다."

도큐의 담당 임원들 앞에서 장기적인 성장 비전을 이야기하고, 출점 상황에 대한 프레젠테이션을 했다. 도큐의 임원은 "거 참 흥미롭습니다. 토지를 빌려드리지요"라고 제안을 받아들였다. 니토리가 도큐로부터 빌린 땅은 600평의 토지와 400평의 주차 공간을 합쳐 모두 1,000평이었다. 이곳에 6층짜리 대형 매장을 세움으로써 그토록 바라던 도쿄 매장을

넘어졌다면, 일어나라!

갖게 되었다.

불안과 기대가 교차하고 있을 때 큰 문제가 생겼다. 아쓰미 선생님의 가르침과 충돌하는 부분이었다.

"체인 스토어는 2층까지만. 높게 지은 시설로 고객이 올려다보게 해선 안 된다."

선생님의 생각과 어긋나는 줄 알면서도 매장 건설은 진행되었고, 드디어 아쓰미 선생님의 귀에도 들어갔다. 선생님은 "지금 당장 그만두게"라고 꾸짖으셨다.

확실히 지대도 높고 불리한 점도 많았다. 하지만 '전국으로 퍼져 나가려면 도쿄에 기반을 마련해야 해'라고 생각했기에 수많은 반대에도 흔들리지 않았다. 개장하고 뚜껑을 열어 보니 연간 매출은 20억 엔을 넘어섰다. 이때까지 가장 성공했던 매장의 2배를 훌쩍 넘는 매출 규모였다. 드디어 니토리가 날개를 펴고 날아오를 순간이 찾아왔다.

제 7 장

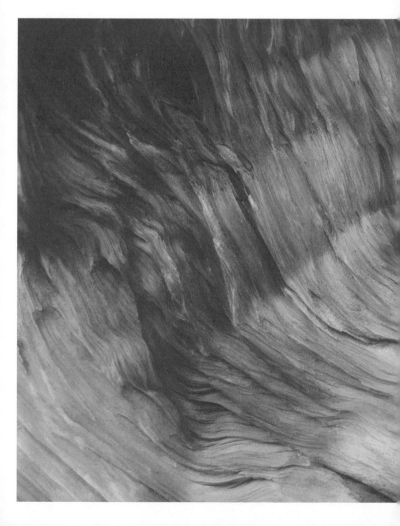

꿈과 비전, 애교와 배짱

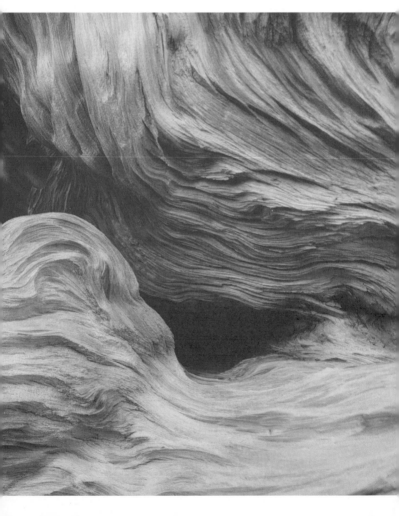

합병 사업의
실패

1998년 개장한 미나미마치다점의 성공은 니토리의 성공에 가속도를 붙였다. 그때까지 니토리는 1년에 매장을 두세 곳 정도를 더 낼 정도의 수익을 올리고 있었다. 하지만 미나미마치다점의 영업이익 덕분에 회사 전체의 자금 사정이 눈에 띄게 좋아졌다.

일단 탄력이 붙기 시작하자 니토리의 성장률은 상상을 초월했다. 같은 시기에 개장한 니자점(사이타마 현 니자 시)과 오쿄즈카점(가나자와 시)에도 고객이 붐볐다. 그전까지는 항상 자금이 부족했기 때문에 대부분 땅값이 싼 곳을 골라 매장을 냈다. 하지만 미나미마치다점이 성공한 뒤부터는 "다소 땅값이 비싼 곳이라도 인구가 많고, 상품이 인정을 받으면 성공한다"는 자신감이 회사 전체에 자리 잡게 되었다. 1999년 이후부터는 매장을 10곳 이상 내면서 지점망을 넓히는 속도가 몇 배로 빨라졌다.

금융 위기 이후 일본 경제는 침체의 늪에서 헤어나지 못하고 있었다. 그런데 이것이 니토리에겐 득이 되었다. 니토리는 품질 좋은 저가 제품을 파는 체인점으로 사람들이 즐겨 찾는 매장으로 거듭나고 있었다. '디플레이션 시대의 성공 기업'으로 니토리의 지명도는 급상승했다.

매장이 호조를 띠며 늘어나는 가운데 크게 실패한 사례도 있다. 미나미마치다점의 성공을 계기로 동일본 지역에서는 기반을 든든하게 닦고 있는 데 비해 서일본 지역에는 매장을 하나도 열지 못하고 있었다. 그래서 이 지방에서 오랜 역사를 자랑하며 대형 가구점을 운영하는 회사와 제휴를 맺어 합병 방식으로 매장을 내기로 했다.

상대는 오사카에 본사를 둔 유서 깊은 가구 회사였다. 절반씩 공동 투자하는 형식으로 1998년 나라 현 야마토타카다시에 매장을 냈다. 하지만 이 매장은 기대를 크게 저버렸다.

오사카의 가구 회사는 업계의 선배이면서 관서 지방에 정통한 기업이다. 그래서 상품 구성을 맡겼더니 매장에 고가의 제품을 잔뜩 들여놓았다. 니토리가 선정한 제품은 겨우 3분의 1에 그쳤다. 니토리에서도 임원과 제품개발부장을 파견했지만, 이쪽 의견은 전혀 듣지 않았다. 결국 이 매장은 매년 1억 엔씩 적자를 보는 골칫덩어리가 되었다.

"역시 관서 지방은 쉽지 않아. 단독으로 출범한 게 아니라 그나마 다행이다"

몇 년이 지나도 적자는 계속되고 출점은 더 이상 진행되지 않았다. 이대로 가다가는 큰일이다 싶었다. 상대 회사에 합병 해제를 요구하자 받아들여졌다. 매장은 니토리가 인수하는 것으로 하고, 진열 상품도 모조리 바꾸었다. 매장명은 물론 '니토리'였다.

이때부터 이전까지 일본에서는 그다지 다양하지 못했던 그릇 세트 같은 주방용품들을 다양하게 매장에 들여놓기 시작했다. 아직은 가구와 주방용품을 함께 파는 것이 어색하던 시절이었다. 고객 중에는 "여긴 도대체 뭘 파는 가게야?" 하고 고개를 갸웃거리는 사람도 있었다. 사실 니토리가 '홈 패션'과 '홈퍼니처'를 더해 '홈퍼니싱'이라는 기치를 든 것은 1979년이었다. 이제야 그 사업의 구체적인 모습이 자리를 잡아가기 시작했다.

미국형 상품 구성이
현실로

1970년대 미국 시찰에서 크게 놀랐던 점은 서랍장이나 그릇장 같은 가구가 차지하는 비중이 낮다는 것이었다. 니토리도 처음엔 매장에 진열한 상품의 3분의 2가 수납용 가구였지만, 차츰 커튼이나 이불 같은 침구류를 늘려갔다. 그리고 밑져야 본전이라는 생각으로 식기를 수입해 팔았는데, 큰 인기를 끌었다. 미국 시찰 때 꿈꾸었던 세계가 드디어 일본에서 꽃피려 하고 있었다.

인기 있는 식기의 경우, 16개 한 세트가 1,490엔이었다. 파격적으로 싼 가격이었다. 특히 니자점에서는 매장에 들어서면 바로 보이는 곳에 식기를 배치했다. 당시 상품개발부장도 겸했던 나는 미국 시찰에서 느낀 대로 "식기를 팔아 봅시다"라고 제안했다. 직원들도 대부분 환영하는 분위기였다.

지금까지 없었던 상품을 취급하게 되면, 기존에 팔리던 상품들은 줄이기 때문에 매장 효율은 일시적으로 나빠진다. 하지만 차츰 새로운 상품의 인지도가 높아지면, 고객 수도 매출도 늘어나는 선순환이 일어난다.

이런 성공 사례를 야마토타카다점에도 적용했다. 합병 해제 후 재개장할 때 매장에 진열된 상품 구성을 다른 인기 있는 지점을 본받아 싹 바꾸어 버렸다. 매출이 몇 배로 늘어났고, 단번에 흑자로 돌아섰다. 처음 관서 지방으로 진출할 때 자신이 없어 지역 회사와 합병했다가 손해만 봤던 터라 그 어떤 성공보다 기뻤다.

"뭐야. 니토리 방식이 관서 지방에서도 통하잖아!"

이제 어디든 매장을 내는 일에 자신감이 붙었다. 야마토타카타점 같은 경우 일단 실패한 매장을 다시 살린 경우여서 니토리의 경쟁력이 더욱 확고하게 입증되었다. 그리고 합병할 때 절반씩 출자하면 경영에 대한 의사결정권이 양쪽으로 갈려 애매해진다는 교훈을 얻었다. 70퍼센트 이상은 출자해야 안정적으로 의사결정권을 행사할 수 있다.

좋은 물건을 발견해도 매장 수가 많지 않으면, 싼 가격으로 구입하기가 어렵고 컨테이너로 안전하게 들여오기도 어렵다. 하지만 매장 수가 30개, 40개, 50개로 가속도가 붙어 늘어나자 대량 구매로 인해 원가가 내려갔고, 그에 따라 제품 가격을 더 싸게 책정할 수 있게 되었다. 물론 박리다매도 가능해졌기 때문에 그 점 역시 가격에 반영되었다. 고품질 저가격 정책에 점점 박차가 가해졌다. 도매상을 통해서는 도저히 구할 수 없는 싸고 품질 좋은 제품들이 니토리 매장에는 가득했다.

넘어졌다면, 일어나라!

2000년이 되자 매장 수가 50곳을 넘었다. 특별히 홍보를 하거나 노력하지 않아도 물건은 날개 돋친듯 팔려 나갔다. 1980년대 초부터 불량품과 그에 따른 거센 항의 속에서 싸고 좋은 제품을 수입하려고 동분서주했다. 고생에 고생을 거듭하며 포기하지 않고 개척해 온 길에서 결실을 거두게 되었다.

도쿄 증시 상장과
100개 지점 달성

2002년에 도쿄 증시 2부를 훌쩍 건너뛰고 삿포로 증시에서 바로 도쿄 증시 1부로 들어가게 되었다. 보통은 도쿄 증시 2부에 상장하고 1부로 들어가는 게 맞지만, 증권회사 담당자는 "수치상으로 문제가 없습니다. 가능하다고 봅니다"라고 적극 추천했다. 그의 예상대로 도쿄 증시 1부에 무사히 상장하게 되었고, 회사 간부들과 도쿄로 가서 축하 연회를 열었다. 동행한 아내는 기념의 종이 울리자 "삿포로 1호점에서 시작해 도쿄까지 오다니, 꿈만 같아요"라며 눈가가 촉촉이 젖었다. 창업 이후 그동안 몇 번이나 파산할 뻔 했던 위기를 생각하니 나 역시 벅찬 감동을 느끼지 않을 수 없었다.

그리고 2003년 우쓰노미야 시에 100호점을 열었다. 꿈에도 그리던 100호점이었다. 창업 초기에 세웠던 30년 계획보다 1년 늦게 실현된 꿈이었다. 이 매장은 정말 뜻하지 않게 얻은 행운이었다. 약 4,000평 규모의 토지로, 주위가 규제로 묶여 더더욱 가치가 빛나는 곳이었다. 임대를 원하는 기업들이 많았기 때문에 교섭은 쉽게 이루어지지 않았다. "일부러 멀리 찾아왔으니 땅 주인이나 직접 만나 봐야겠어. 밑져야 본전이니까." 나는 땅 주인의 집으로 찾아갔다.

마침 주인은 집에 있었다. 그는 농사를 짓는 사람이었다.

"저도 농가 출신입니다. 어린 시절 모심기를 하며 자랐습니다"라고 말문을 열었더니 관심을 보였다. 고등학교 때까지 암거래 쌀을 배달했기 때문에 벼농사에 대한 지식도 누구보다 많았다. 농사짓는 이야기로 시작한 대화는 저절로 무르익어 갔다. 땅 주인은 "왜 농사를 짓다가 사업을 하게 됐습니까?"라고 물었다. "처음엔 그냥 회사원이 되려고 취직했지만 맞지 않아서 토목업을 했습니다. 하지만 그것도 여의치 않아 가구 장사를 시작했습니다. 그런데 그 장사가 잘돼서 하나둘 매장을 늘리다 보니 지금처럼 기업이 되었습니다. 모두 매장 자리를 내주신 땅 주인들 덕분입니다." 나는 지난 인생에 대해 털어놓듯이 솔직하게 이야기하고, "제가 담보입니다"라고 덧붙이며 설득을 거듭했다. 결국 땅 주인은 임대를 허락했고, 100호 우쓰노미야점이 문을 열게 되었다.

이제 니토리는 삿포로 지역 체인점에서 전국 체인점으로 성장했다. 하지만 아쓰미 선생님은 "유럽의 예를 보면 획기적인 경영 효과는 체인 스토어 수가 200개가 되고부터 시작이다"라고 하셨다. 나도 아직은 만족하지 않았다. 100호점 달성 이벤트는 따로 하지 않았고, 다음 목표만을 바라보았다.

넘어졌다면, 일어나라!

혼다 스기야마와의
운명적인 만남

회사의 규모가 커진 만큼 내실을 다져야 했다. 그 동안 몇 번이나 스카우트에 실패해 회사가 위기에 처한 적도 있었지만, 싸고 좋은 상품을 조달하려면 역시 인재가 필요했다. 1990년대에 들어서면서 대기업 기술자를 중심으로 인재를 찾기 시작했다. 이 과정에서 운명적인 만남이 있었다.

중국 광저우에서 나리타로 가는 비행기를 탔다가 우연히 옆자리 승객과 골동품 이야기를 나누게 되었다. 대화는 점점 무르익었고, 술까지 나누어 마시며 통성명을 했다. 명함을 보니 주식회사 '혼다'의 중국 현지법인 스기야마 사장이었다. 스기야마 씨는 "아, 니토리 사장님이십니까? 니토리라면 저도 가 본 적이 있습니다. 이케아 같은 유럽계 회사지요?"라고 물었다. '니토리'라는 사명을 가타카나로 적었더니 스웨덴 가구 체인점 '이케아'와 비슷한 외국계 기업이라고 생각한 듯했다.

순간 예리한 직감으로 '좋은 기회다!' 하고 느꼈다. 스기야마 씨는 혼다 중국 공장을 가동시켜 궤도에 올려놓은 진정한 엔지니어였다. 어떻게 해서든 니토리로 영입하고 싶은 인물이었다. "혼다 공장을 견학할 수 있을까요?"라고 조심스럽게 말을 꺼냈더니, 흔쾌히 수락했다. 그때부터 1년에 두 번 정도 광저우에서 공장을 견학하고, 식사를 함께 했다. 스기야마 씨는 이미 정년을 지났지만 62세까지는 혼다에서 일하기로 계약을 맺은 상태였다. 그 후 니토리로 와 주었으면 했지만, 워낙 데려가고 싶어 하는 회사들이 많았다.

그래서 스기야마 씨의 부인을 설득하기로 했다. 부부를 홋카이도 전통 요리 전문점으로 초청해 게 요리를 포함한 진수성찬을 대접했다. 내 진심과 열의를 보이기 위해서였다. 스기야마 씨의 마음은 잘 모르는 유통업보다는 이미 잘 아는 제조업 쪽으로 기울고 있었다. 니토리로 오기 전까지 많이 주저했지만, 부인이 "먹고사는 데 문제없으니 인생 2막엔 새로운 세계로 뛰어들어 보세요"라고 등을 떠밀었다. 결국 스시야마 씨는 용기를 내어 니토리에 입사하기로 결심했다. 2004년에 고문으로 들어와 2005년에 전무가 되었다.

니토리가 아직 그다지 알려지지 않았을 때라 주위에서 "왜 그런 회사로 간 거야?"라는 말을 아주 많이 들었다고 한다. 나중에 스기야마 전무는 "그땐 회사가 이렇게까지 클 줄 몰랐으니까"라고 말하며 웃었다.

사내 공모를 통해 당선된 '오, 가격 그 이상, 니토리'라는 캐치프레이즈를 살린 광고를 방영하기 시작한 것도 이 무렵이었다. 회사의 특징을 한마디로 표현할 수 있는 짧고 기발한 문구가 필요했다. 그래서 대회를 열었더니 응모작이 100건이 넘게 들어왔고, 그중에서 확 시선을 잡아 끈 것이 바로 '오, 가격 이상, 그 이상, 니토리'였다. 하지만 한 번 들은 고객의 뇌리에 깊이 새기려면 더 짧게 줄여야 했다. 그래서 '가격 이상, 그 이상'을 '가격 그 이상'으로 바꿨다. 만약 원래대로 두었다면 그토록 큰 인기를 끈 광고가 되지는 못했을 것이다.

스기야마 전무는 역시 대단한 전문가였다. 2007년에 중국에서 들여온 뚝배기에서 납이 검출되는 사건이 발생했다. 니가타 현의 도기업자를 통해 구매한 제품으로 굽는 방법에 문제가 있었던 것으로 드러났다. 미국 출장 중에 이 소식을 듣고 나는 가슴이 철렁해서 부리나케 귀국했다. 다행히도 인체에 영향을 주는 수준은 아니었다. 약 9,000개에 이르는 제품을 회수하는 차원에서 사건은 마무리되었다. 이때 스기야마 전무는 옛 직장 동료 중 이 분야의 전문가를 초빙해 품질 관리와 검사 수준을 단번에 최고로 끌어올렸다.

현재 니토리의 품질 관리 체제에서는 제품에 이물질이 들어갔을 경우, 누군가 고의로 그런 것인지 아닌지까지 판별해낼 수 있다. 고객 상담실을 포함해 '품질 안전과 고객 안심'에 관계된 업무를 처리하는 국내 직원만 300명에 이른다. 그래서인지 지난 4년 동안 대규모 리콜은 한 번도 발생하지 않

넘어졌다면, 일어나라!

고 있다. 그동안 많은 실패가 니토리 성장의 밑거름이 되었지만 특히 뚝배기 사건은 '오, 가격 그 이상'을 실현하는 데 큰 교훈이 되었다.

본부를
도쿄로 옮기다

매장 수가 100개, 200개, 300개로 늘어났다. 지금은 일 년에 50개씩 새로운 매장이 문을 열고 있다. 회사 규모가 엄청나게 커졌고, 이제 그것을 담아낼 만한 새로운 그릇이 필요했다. 홋카이도에서 출발한 회사지만, 외국과 거래도 늘고, 매장도 전국에 퍼져 있다. 등기상 본사 주소는 삿포로에 그대로 두되, 본부 건물을 수도권으로 이전하기로 했다.

내가 점찍은 장소는 대형 물류 센터가 있는 사이타마 현 시라오카 시였다. '즉단(卽斷), 즉결(卽決), 즉행(卽行)'이 나의 신조였기 때문에 2000년에 물류 센터를 개설하면서 '사장실'도 만들었다. '도쿄와 가깝고, 딱 좋아'라고 홋카이도 사람 특유의 엉성한 지리 감각을 바탕으로 본부를 옮기려 했다. 하지만 직원들의 반대가 맹렬했다.

니토리는 외국이나 국내 각지로 물건을 수송할 일이 많다. 따라서 하네다 공항이 니토리의 거점이라 할 수 있는데 시라오카에서는 너무 멀었다. 모두 "공항까지는 삿포로에서 가는 거나 별로 다를 게 없습니다" 하고 입을 모았다.

하지만 어떻게든 수도권으로 본사를 옮기겠다는 내 생각은 변하지 않았고, 기회만 있으면 실행에 옮기려 했다. 그런데 마침 도쿄 도 기타 구 아카바네 지역에서 한 개 층에

1,500평 이상을 확보할 수 있는 땅을 발견했다. 2006년 이곳에 매장 겸 본사로 이용할 7층짜리 건물을 지었다.

중개업자와 직원의 유착

본사 건물을 이전하고 얼마 지나지 않아 직원의 부정 스캔들이 터졌다. 물건 수송에 쓰는 대형 선박을 연결해 주는 중개업자와 니토리 직원이 유착되어 있다는 제보가 들어왔다. 그런데 확실한 증거를 잡기가 쉽지 않았다. 다만 선박 이용료가 좀처럼 내려가지 않는 게 수상하다는 생각이 들 뿐이었다.

나는 원래 게으르고 칠칠치 못했던 사람이었기 때문에 나 같은 직원들이 늘어나면 회사가 위험에 빠진다는 것을 누구보다 잘 알고 있다. 그래서 니토리의 사내 규칙은 아주 엄하다. 직원을 알음알음으로 채용하는 것은 절대 금지였고, 개인적으로 접대를 받는 것도 용납하지 않았다. 밥 한 끼를 얻어먹으면 술도 한 잔 얻어 마시게 되고, 결국 상대의 무리한 부탁을 들어줄 수밖에 없다. 그래서 20년 전부터 '공정거래 선언'을 문서로 만들어 거래처에 배포하고 있다. 다만 사장은 접대를 받아도 좋다. 사장은 회사와 운명을 같이하는 사람이기 때문에 개인적인 이득을 보려고 매수당할 일이 없기 때문이다.

나는 선박과 관련된 의혹을 해소하기 위해 담당자를 불렀다. 그리고 중개 회사와 어떤 일이 있었는지 하나하나 캐물었다. 역시나 그 직원은 사내 규칙에 맞지 않는 접대를 받았고, 결국은 그 일 때문에 협박에 가까운 말까지 듣고 있었다. 당시 선박 수송 비용은 연간 30~40억 엔이 오가는 큰 거래였다. 중개 회사는 통관 업무 쪽에도 사람을 심고, 니토리의 물류 부서에도 직원을 파견해 정보를 빼내고 있었다.

나는 사내 부정을 없애는 데 직접 나서기로 했다. 현재 니토리 사장인 시라이와 다른 직원 한 명을 데리고 비밀 프로젝트 팀을 꾸렸다. 우리는 홍콩 등 해외 각지를 돌며 선박 회사를 내밀히 조사했다. 이 일에 대한 정보가 새지 않도록 사내에는 행선지나 호텔 이름도 알리지 않았다. 물론 호텔 예약도 회사 이름이 아닌 직원 개인 이름으로 했다. 3개월 정도 철저히 조사해서 중개 회사의 비리를 낱낱이 밝혀냈다.

부정 스캔들에 대한 제보를 입수하고 6개월 쯤 지난 어느 날 드디어 심판의 칼을 뽑아 들었다. 중개 회사를 통하지 않고 거래하는 선박 회사들만 긴급 소집했다. 그리고 "새로운 창구를 통해 직접 계약합시다"라고 제안했다. 이후 모든 계약에 대해서 선박 회사들끼리 정당하게 경쟁하도록 하자 비용이 연간 5~6억 엔까지 절감되었다. 외부에 지나치게 많은 일을 맡기면 유착이 생겨 개혁에 방해가 된다. 현재 선박 수송과 관련된 일을 하는 니토리 직원에는 통관 전문가 20명, 1급 건축사 23명, 공인회계사 5명이 포함되어 있다. 많은 수

고가 필요한 일은 사내에서 해결하고, 단순한 일은 외주를 주는 게 원칙이다. 니토리는 업무에 대한 전문가와 인재를 많이 갖추는 '다수 정예 주의(多數 精銳 主義)'를 성장의 원동력으로 삼고 있다.

3년 전에는 태국 현지법인에서 회사 돈을 횡령하는 사건이 일어났다. 제조업체로부터 정보를 입수한 뒤 조사했더니, 직원의 절반 정도가 비리에 얽혀 있어 경악을 금치 못했다. 이 사건에는 많은 요소들이 복잡하게 얽히기 때문에 직원 절반을 해고하고 절반만 남겨 둔다고 해결될 리가 없었다. 그래서 태국의 전 직원에게 퇴직금을 주고 회사를 해체해 버렸다. 이런 종류의 문제는 언제든 또 다시 일어날 수 있다. 경계를 늦추지 말아야 한다.

대만으로
진출하다

2006년에 도쿄에 본부를 갖춘 후 국내 사업은 든든한 반석 위에 서게 되었다. 이즈음 해외에서도 출점 요청이 잇따랐다. 최초는 한국이었다. 한 재벌 그룹이 " 한국에는 아직 니토리와 같은 회사가 없습니다. 합병 회사를 만들어 니토리 체인을 들여오고 싶습니다"라고 의사를 타진해 왔다. 문제는 그동안 한국 제품을 판 경험이 없다는 점이었다. 이왕 해외 매장을 개척하려면 그동안 관계가 깊었던 대만이 더 좋겠다는 판단이 들었다. 특히 현지 수입 대리점과 30년 가까이 거래를 했다는 게 큰 장점이었다. 장기적으로 보았을 때 대만이 더 유리했다. 결국 한국을 포기하고 대만으로 결정했다.

그런데 아쓰미 선생님은 "좀 더 기다리게"라고 만류하셨다. "해외 매장은 국내 매장 500개를 확보한 후가 안정권이야. 아직은 시기상조지." 맞는 말씀이지만 스릴과 서스펜스가 없으면 사업은 쇠퇴한다. 미나미마치다점 때도 그랬지만, 확신이 들면 어느 정도 반대를 무릅써야 이길 수 있다. 대만은 임대료도 싸기 때문에 흑자로 돌아서는 시점도 빠를 게 분명했다. 나는 주저 없이 강행했다.

대만에서 첫 매장을 개장한 것은 2007년. 까오슝 시에 있는 아시아 최대라고 선전하는 쇼핑몰 '몽시대(夢時代)'가 최종

넘어졌다면, 일어나라!

선택지였다. 매장은 지하 2개 층으로 이루어졌고, 한 층의 면적이 1,500평으로 일본과 비교해도 손색이 없었다. 지하라는 점이 불리할 수도 있지만, 막상 개장하면 그렇지 않을 수도 있었다. 1,500평이라면 대만에선 상당히 큰 매장이다.

개장 후 뚜껑을 열어 보니 아쓰미 선생님의 말씀대로였다. 호되게 경을 쳤다. 매출은 예상의 절반에 머물렀고, 2억 엔이 적자였다. 원인을 분석해 보니 한두 가지가 아니었다. 일단 대만 쪽의 요청을 받고 개장하기까지 기간이 6개월밖에 안 돼 준비가 너무 부족했다. 또 에스컬레이터로 연결되는 지하 1층에 들어올 예정이었던 대규모 식품 매장과 자동차 용품 매장이 입점하지 않았다. 결과적으로 니토리 매장만 지하 2층에 동그마니 있는 꼴이 되었다.

게다가 대만은 수입 규제가 심해 일단 일본을 거쳐야만 들어올 수 있는 품종이 너무 많았다. 때문에 매출 총이익도 30퍼센트 대에 머물러 일본보다 20퍼센트나 낮았다. 그래도 일단 매장 수를 늘리고 봐야겠다는 생각에 타이낭과 중리에 2호점, 3호점을 개장했다. 모두 1,500평이나 되는 넓은 매장이었지만, 매출은 목표의 3분의 1에 그쳤다.

안되겠다 싶어 고급 가구 브랜드 매장의 일부를 임대하기도 했다. 일본에서라면 상상도 못할 일이었다. 하지만 이런 극단적인 처방도 별 효과가 없었다. 카펫이나 커튼도 전혀 팔리지 않았다. 대만 사람들은 유럽과 비슷한 크기의 제품을 사용하는 경우가 많아 그보다 작은 니토리 제품을 별로 선호하지 않았다.

지명도를 높이기 위해 전단지 광고를 했지만 효과가 없었다. 시청률이 높은 프로그램을 잡을 수 없어 효과적인 텔레비전 광고도 할 수 없었다. 결국 4년 만에 1호점은 철수했다. 국내에서는 여전히 성공가도를 달리고 있었지만 해외에선 초기 니토리처럼 우왕좌왕 실패의 연속이었다.

대만 출점 5년 만에 적자는 20억 엔 가까이 되었다. 재기가 불능한 상태로 떨어지기 전에 완전히 철수를 하는 게 어떨까 하는 생각도 들었다. 하지만 점포망이 확대되고, 중국, 베트남, 인도네시아로부터 직접 수입하는 것이 가능해지자 가격을 더 낮출 수 있게 되어 경쟁력이 생겼다. 그리고 그동안의 경험을 바탕으로 대만 실정에 맞는 제품을 두루 갖추었다. 또 매장 규모도 홈퍼니싱을 중심으로 한 300평 정도로 줄여 비용을 절감했다. 이런 노력 끝에 12년째 되는 해부터 경영은 흑자로 돌아섰다. 현재 대만에는 모두 12개 매장이 있고, 영업이익은 8퍼센트 선이다. 2018년 쯤에는 그동안 본 손해를 모두 청산할 것으로 보인다.

귀화한
중국인 직원의 활약

대만 다음으로 진출할 해외 매장은 내 꿈의 출발
점인 미국이었다. 이번엔 내가 나서서 2년 동안
시장조사를 하고 계획을 세웠다. 미국 시장 공
략은 대만 이상으로 어려워 보였다. 그래서 2010년 상품 정
책 전문가로 오래전부터 니토리에서 근무하고 있는 고미야
쇼신을 전무로 발탁했다.

중국 출신이지만 일본에 귀화한 고미야는 도쿄대 대학원
에서 항공우주공학을 전공했다. 그런데 1993년에 '삿포로에
살고 싶다'는 이유로 니토리에 입사 지원서를 냈다. 면접에
서 내가 "인구 20만 명당 1점포를 만들고 싶다"라고 했더니
그가 "중국이라면 5,000개 매장을 낼 수 있습니다"라고 대답
했다. 나는 고미야의 통 큰 사고방식이 마음에 들었다. 그래
서 그날로 바로 식당으로 데려가 홋카이도 특산물인 게 요리
를 대접했다. 그는 나중에 "처음 보는 저한테 털게 껍질을 벗
겨 접시에 산더미처럼 쌓아 주시는 것을 보고 보통 분이 아
니라고 생각했습니다"라고 말했다. 물론 나는 면접 날 바로
그를 채용하기로 결정했다.

니토리에서는 아무리 도쿄대 대학원 출신이어도 현장 근
무부터 해야 한다. 당시 일본어에 서툴렀던 고미야는 이 점
을 거꾸로 이용해 매장에서 인기를 얻었다. 외국인으로 보이

는 직원이 친절하고 예의 바르게 설명하자 그의 지성미가 더욱 돋보였던 것일까? 고객들 중에는 고미야의 팬도 생겼고, 그는 곧 판매 실적 1위를 달성했다. 매장까지 찾아가 "아주 잘했네"라고 칭찬하면서 스시로 한턱냈던 기억도 있다. 2년 후 그는 상품개발부 카펫 전문 바이어로 등용되었는데, 여기서도 눈부신 활약을 했다.

원래 카펫은 국내 도매상을 통해 들여오고 있었다. 하지만 그에게 "자넨 일본인의 상식에 얽매이지 말고 하고 싶은 대로 해도 좋네. 실적을 올려 보게"라고 주문했다. 이후 고미야는 유럽의 제품 박람회에 가서 인기 있는 벨기에산 러그를 둘러보았다. 하지만 제품 가격이 생각보다 너무 비싼 것을 보고 실망했다. 그런 그의 눈에 들어온 것은 전시장 한 쪽 구석에 있는 레바논산 러그였다. 가격은 쌌지만 디자인, 촉감, 품질 등 무엇 하나 벨기에산에 뒤지지 않았다. 일본으로 돌아온 고미야는 아직 전쟁의 불씨가 꺼지지 않은 레바논으로 직접 가서 알아보고 싶다고 했다.

내가 혼자 해외에 나가 물품을 구매했던 이야기를 자주 들려주었더니 그 영향을 받은 것도 같았다. 위험한 지역이지만 본인이 너무 강력하게 원했기 때문에 허락하고 말았다. 그런데 고미야는 레바논만으로는 만족하지 않고 시리아를 거쳐 터키에 이르기까지 두루두루 시장조사를 해 왔다. 워낙 위험한 지역을 돌아다녔기 때문에 그 지역에 나가 있는 무역 회사들도 동행하기를 거부했다고 한다. 그가 들여온 레바논과 터키산 러그는 '고품질에 싼 가격'이라는 이유 때문에 날개 돋친 듯 팔려 나갔다.

위험을 무릅쓰며 니토리 정신을 철두철미하게 실천한 고미야의 전설적인 무용담은 한두 가지가 아니다. 2000년 초 오가닉 커튼이 유행했지만 니토리에서 취급하기에는 가격이 너무 비쌌다. 고미야는 값싼 유기농 목화를 구하기 위해 중국 신장지구까지 찾아갔다. 현지 사람들과 목화를 보러 다니다가 저녁이 되자 들판에서 양고기를 구워 먹게 되었다. 고기를 뜯으며 정신없이 주린 배를 채우다 문득 정신이 들어 주위를 살펴보니 늑대들이 둘러싸고 있었다. 양고기 냄새를 맡고 몰려든 그들 역시 배가 고팠는지 푸른 눈을 탐욕스럽게 번득였다. 금방이라도 덮칠 기세였다. 다행히 모닥불도 있고 무기도 있어 늑대 무리의 습격을 받지는 않았다. 고미야가 이처럼 목숨 걸고 구해 온 유기농 목화는 이불, 깔개, 수건으로 거듭나 매장에 내놓았다. 이 제품들 역시 무섭게 팔려 나가는 히트 상품이 되었다.

2003년 1월, 조류 독감이 중국을 휩쓸었다. 중국 국내에서는 조류와 깃털 운반이 금지되었다. 일본에서는 3월이면 입학과 입사 시즌을 맞아 깃털 이불이 많이 팔리기 때문에 그 전에 깃털을 공장까지 운반해야 했다. 하지만 트럭으로 운반하면 통째로 몰수될 것이 뻔했다. 뜨거운 증기로 기름을 빼고 고온 소독을 하면 안전상 문제가 없는데도 말이다. 그래서 고미야와 바이어는 버스를 통째로 빌려 좌석에 깃털을 싣고 검문을 통과했다. 철저히 소독을 했기 때문에 검역에서도 아무 문제가 없었고, 덕분에 니토리는 3월 판매 전쟁에서 큰 승리를 거둘 수 있었다.

베트남 하노이에
공장을 세우다

1 990년대 후반에 ' 3년 안에 해외 생산 비중을 10 퍼센트에서 50퍼센트로 끌어올리겠다'고 했더니 고미야가 이끄는 팀이 중국 현지로 갔다. 니토리 제품을 위탁 생산하도록 외주를 맡길 공장을 확보하기 위해서였다. 하지만 당시 중국에는 니토리의 요구에 맞는 섬유제품을 생산할 만한 공장이 없었다. 그래서 우선 일제 재봉틀부터 중국 공장으로 보냈다.

막상 재봉틀을 쓰려고 했더니 전압이 맞지 않았다. 번거로운 전압 공사를 마친 후 간신히 재봉틀을 돌릴 수 있었다. 현지 사람들은 낯선 기계의 사용법을 익히면서 본격적으로 니토리 제품을 생산하기 시작했다. 그동안 '메이드 인 차이나'는 품질이 떨어진다는 인식이 있었기 때문에 그것을 깨기 위해 더욱 품질 관리에 철저히 매달렸다. 곧 니토리 제품을 위탁 생산하는 공장이 수백 곳으로 늘어났다. 2000년 초 새롭게 개장한 매장에서 중국 현지에서 생산한 목욕 타월을 399엔에 팔았더니 사람들이 몰려들어 대성황을 이루었다. "이런 인기라면 매장에서 1년 내내 파는 게 좋겠어"라고 결정한 뒤 중국 공장에도 그렇게 의뢰했다. 당시 다른 회사의 목욕 타월이 1,000엔 정도였기 때문에 차별화된 가격 경쟁력을 갖출 수 있었다. 현재는 니토리가 취급하는 상품의 90퍼센트가 해외 생산 제품이고, 이중 60퍼센트가 중국 제품이다.

1987년에 매수했던 마루미쓰(현재 피토리 퍼니처)도 착실히 성장하고 있다. 인도네시아 현지 공장이 궤도에 오르자, 2005년에는 베트남에도 공장을 세웠다. 2000년대 초에는 항구와 공항이 가까운 호치민이 현지 생산의 중심지였다. 하지만 이곳에 공장이 마구 들어서면서 파업도 잦아지고 일손을 구하기도 어려워졌다. 결국 전망이 밝지 못하다고 판단해 새로운 공장은 다른 도시에 세우기로 했다.

그때 눈에 띈 곳이 베트남 북부의 하노이였다. 당시 이 지역은 전력이 부족해 정전이 잦았다. 그래서 일본계 기업의 공장은 거의 들어오지 않은 상태였다. 하지만 자세히 살펴보면 의외로 장점이 많은 곳이었다. 기후가 호치민보다 서늘했고, 노동력도 풍부하고 임금도 쌌다. 처음에 하노이 공장에서 주로 생산한 가구는 수납함, 의자, 테이블 등 소품이었다. 하지만 그로부터 10년이 지난 현재는 침대나 소파 등 대형 가구도 생산하고 있다. 역시 인도네시아에서 자리 잡느라 고생한 경험이 베트남 현지 공장을 성장시키는 데도 많은 도움이 되었다.

현재 니토리 퍼니처의 생산량 내역을 살펴보면, 인도네시아가 30퍼센트, 하노이 70퍼센트로 역전되어 있다. 인도네

넘어졌다면, 일어나라!

시아 공장은 직원 중 남성 비중이 70퍼센트이지만, 하노이는 95퍼센트가 여성이다. 아무래도 여성 직원이 많은 곳은 안전이나 위생 면에서 더욱 신경을 쓰게 되고, 그 결과 공장의 생산성도 높아진다. 또 노무관리도 더욱 철저해진다. 베트남 공장에서는 모자 색깔이나 등번호로 근무 경력과 직급이 식별되도록 철저하게 관리하고 있다. 처음에는 비인간적인 체제라고 불만도 있었지만 확실한 경영을 통해 실적이 좋아지자 이제는 오히려 칭찬의 목소리가 높아지고 있다.

무덤에서.울고 계실
스승님

고미야까지 투입한 미국 시장이지만 큰 적자를 보고 있다. 미국인의 소비 패턴은 성숙해 있기 때문에 일본보다 한층 더 깊이 있고 조화로운 상품 구성이 필요하다. 그래서 상품을 현지에서 조달하는 경우가 많고 매장 수가 적다 보니 원가도 올라간다. 시기상조라는 표현이 딱 어울리는 상황이다.

원래 매장 이름을 '니토리'로 하려 했지만, 현지의 가구 회사 '나토리'와 비슷하게 들리는 게 문제였다. '니토리'로 매장 이름을 등록하려고 2번이나 신청했지만, 그때마다 거절당했다. 할 수 없이 '아키홈(내 이름에서 따온 것이다)'이란 임시 상호명을 정했다. 물론 적절한 때를 보아 예전에 일본에서 그랬던 것처럼 다시 바꿀 생각이다.

길게 보고 투자했기 때문에 어쩔 수 없기는 하지만, 미국 매장은 2014년에 개장한 중국 매장과 더불어 '적자의 쌍나팔'을 불고 있다. 2010년에 돌아가신 아쓰미 선생님이 알면 무덤 속에서 우실 일이다.

미국의 매장은 모두 5개다. 그동안 겪어 보니 일본에서 하는 방식으로는 뒤처지기 때문에 도저히 무리다. 원점으로 돌아가 미국 실정에 맞게 확 뜯어고쳐야겠다는 생각을 하고 있다. 매장 배치나 상품 구성도 모두 바꿀 것이다. 가구는 모두 빼 버리고 700평 크기의 매장을 홈패션 제품만으로 꾸밀 생각이다. 우선은 100개 정도 매장을 세우고 이를 바탕으로 300개, 더 나아가 1,000개까지 열 생각이다. 새로운 매장은 앞으로 3년 안에 완성될 것이다.

2014년에 중국에도 첫 매장을 열었다. 사실 여기에는 얽힌 사연이 있다. 어느 술자리에서 내가 기자에게 "2014년에는 중국으로 진출하고 싶다"고 지나가는 말로 이야기했는데 이것이 정식 기사로 신문에 실리고 말았다. 그냥 마음에 품고 있던 생각이 정식 경영 목표가 되어 세상에 공표된 것이다. 사내에서 이런 사연을 아는 사람은 아무도 없었다. "입 밖에 내었으니 이제 행동으로 옮기는 수밖에 없다"라고 결심하고 중국 우한에 중국 최초 니토리 매장을 개장한 것이다.

우한은 현지 개발자와 니토리 개발팀 직원들이 찾아낸 도시다. 나는 이 도시에 가 본 적도 없다. 잘 알지도 못하는 이 도시의 인구가 1,200만 명이나 된다는 이야기를 듣고 깜짝 놀랐다. 매장을 열고 현지 실정에 맞추느라 갈팡질팡하고 있지만, 이것도 인연이라고 생각한다.

2015년에는 상하이에도 진출했다. 개장 후 실제 매출은 목표했던 것의 70퍼센트에 머물고 있다. 하지만 지금도 점점 나아지고 있다. 모든 일이 처음부터 너무 순조로우면 직원들은 해이해진다. 회사가 완전히 전복될 정도로 심각한 적자만 아니면 괜찮다. 적자를 통해 배우고 정상적인 궤도에 오르는 과정을 공유하면, 더 큰 비전을 향해 도약할 거점이 된다. 적자가 나면 긴장하고, 그것을 해결하기 위해 더욱 분발하게 된다. 직원들에게 '시련'은 하나의 선물이다.

현재 미국에 5개, 중국에 4개 매장이 운영되고 있다. 올해 중국에는 3개의 매장을 더 낼 생각이다. 한동안은 양 국가의 형편을 보아 가며 그에 맞게 점포 수를 늘릴 것이다. 매장 수가 20개가 넘으면 아시아에서 독자적인 상품을 개발해 수입할 수 있게 되고, 그에 따라 경영도 안정되어 갈 것이다. 빠르면 2017년에는 적자를 해소하게 될 것이라고 예상하고 있다.

진정한 평가는
죽은 다음에

동남아시아 니토리 공장의 숙련도가 올라가자 유니클로처럼 고품질·저가격을 유지하는 SPA(제조소매업) 기업으로 변신할 수 있었다. 해외로 날개를 펴고 날아갈 기반도 닦았다. 아버지의 가르침대로 우수한 인재를 모았더니 그들이 회사를 키워 주었다.

후계자에 대해선 이미 오래전부터 생각하고 있다. 내 신변에 심각한 일이 생기거나 큰 잘못을 저지르게 된다면 언제든 물러날 각오를 하고 있다. 현재 후계자는 시라이 사장이지만, 확정한 것은 아니다. 결정적인 순간 아내에게만 "내가 죽으면 ○○을 후계자로"라고 의사를 전할 생각이다.

아쓰미 선생님은 이 문제에 대해 "대표는 인생 경험이 필요하므로 50대 이상으로 하게. 그리고 후보를 3명 정도로 압축해 놓아야 해"라고 가르쳐 주셨다.

그런데 내가 정하는 사장 후보는 수시로 바뀐다. 처음에는 장래성이 있어 보이던 사람도 그 기세가 계속 되지 않는 경우가 대부분이기 때문이다. 매사에 욱일승천하는 기세로 달려들던 사람이 언젠가부터 수비 자세로 바뀌어 버리는 경우가 많다. 리스크를 감수하는 도전 정신을 유지하지 못하고, 현재에 안주하는 경우를 여러 번 보았다. 그래서 자주 아내에게 "내가 죽으면 ○○을 대표로 세우라고 했었지? 다시 생각해 봐야겠어"라고 말한다. 그러면 아내는 "당신은 마음이 팔랑팔랑 쉽게도 뒤집혀요"라고 한마디 한다.

오너 경영은 당대에서 끝낼 것이다. 장남에게는 회사 경영권을 물려주지 않겠다고 이미 전했다. 대신 대주주로서 "니토리가 회사의 입장에서만 행동하지 않도록 감시해라" 하고 부탁했다. 회사의 이익만 우선시하다 보면, 고객의 입장에 소홀하게 될지도 모르기 때문이다. '니토리는 일본 국민의 생활을 풍요롭게 만들기 위해 세운 회사'이기 때문에 그 이념을 지키지 않으면 경영의 의미가 없다.

장남이 대주주이긴 해도 나와 아내가 가지고 있는 지분은 그 누구도 매매할 수 없게 해 놓았다. 주식이 분산되면 경영 안정성이 흔들리기 때문이다. "자손에게 옥답을 남기지 않는다"는 옛말이 옳다고 생각한다. 나는 아직 건강하지만, 혹시 내 신변에 어떤 일이 일어나더라도 대책은 모두 마련해 두었다.

미국의 월마트는 창업자 사후에도 더욱 성장하고 있다. 전 세계 어디든 똑같은 슬로건을 내걸고 흔들림 없는 창업 이념을 유지하고 있다. 창업자의 뜻을 후계자가 잘 이어받아 그대로 사풍이 되었기 때문이다. 이렇게 되려면 시간이 필요하다. 따라서 경영자에 대한 평가는 그가 죽은 뒤 50~100년 후에 해야 한다고 본다.

내가 보기에 비즈니스에서 성공하려면 개인적인 욕망을 채우는 데 그쳐서는 안 된다. 사업상 이익을 우선시하는 것에서 벗어나 사회의 이익을 위한다는 목적이 있어야만 강한 동기부여가 되고 크게 성공할 수 있다. 돈벌이에만 눈이 멀어서도 안 된다. 그래서 60세가 되었을 때 '직접 사회에 공헌해 보자'라고 결심했다.

우선 2005년에 내가 보유하고 있는 400만 주(약 360억 엔 상당)를 사용해, 니토리 국제장학재단을 설립했다. 이 재단의 목표는 그동안 니토리가 성장하는 데 힘이 되어 준 아시아 지역에 대한 보답이다. 일본으로 유학 온 아시아 학생 중 해마다 100명을 뽑아 2년 동안 무상으로 공부할 수 있도록 장학금을 주고 있다. 또 2015년부터는 중국, 대만, 미국에서 공부하는 일본 학생들에게도 장학금을 주고 있다. 그리고 해마다 니토리에서 실시하는 미국 시찰에도 참가할 수 있는 기회를 준다.

재단의 지원을 받은 많은 학생들이 니토리에 들어와 있을 뿐만 아니라, 상사나 금융기관에도 진출해 있다. 우수한 인재들이 우리 국민의 풍요로운 생활에 이바지할 수 있게 된다면 더 바랄 것이 없겠다. 이외에도 이온(일본 국내외 260개

기업으로 구성된 거대 유통 그룹—옮긴이)의 창업자인 오카다 다쿠야 씨에게 자극을 받아 시작했던 나무 심기, 와세다 대학에서 시작한 기부 강좌 등 사회 공헌 활동에 폭넓게 참여하려고 노력하고 있다. 2015년에는 도쿄대에서도 강좌를 열게되었다. 공부라면 꼴지를 도맡아 했던 내가 수재들만 모이는 도쿄대에서 강의를 한다는 생각을 하면 기분이 이상해진다.

대기업병에
걸리지 않으려면

5 0~100년 후에도 니토리가 성장하기 위해서는 회사의 이념에 따라 경영해 나갈 조직이 필요하다. 이를 위해 가장 우선시해야 할 문제는 사람에 대한 투자다. 어쨌든 미국 연수는 1981년 이후부터 계속되고 있다. 2015년 6월에 시행된 연수에는 800명이 참가했다. 비용은 1인당 35만 엔 정도로 책정하고, 나도 함께 간다.

나는 27세에 갔던 미국 시찰에서 크게 자극 받아 '일본을 풍요롭게 만들고 싶다'는 큰 꿈을 꾸며 경영에 뛰어들었다. '철은 뜨거울 때 두드려라'는 말이 있다. 무슨 일이든 열정이 타오를 때 실행에 옮겨야 한다. 미국 연수를 다녀온 젊은 직원들도 부디 청년 시절의 나처럼 큰 꿈을 꾸게 되기를 바란다.

2013년부터는 입사 2년차 직원들을 연수 대상으로 하고 있다. 1년차 때는 학생 때 습관이나 태도에 아직 젖어 있고, 5년차쯤 되면 열정이 식어 버린다. 일에 어느 정도 익숙해진 2년차에 연수를 보내면 일에 대한 동기부여는 더욱 강해지고 이직률도 떨어진다. 물론 20대에는 일을 하는 의미를 완전히 알기 쉽지 않다. 30~40대가 되어야 처음으로 자신이 걸어갈 길을 뚜렷하게 자각하기 시작한다.

때문에 미국 시찰을 포함해 교육에 대한 투자는 아끼지 않

넘어졌다면, 일어나라!

는다. 1인당 연간 교육 투자액은 약 25만 엔으로, 상장 기업 평균의 5배는 된다. 나는 설비투자보다 이쪽을 더 중시한다. 경영 환경이 어렵다고 교육비를 깎는 기업은 장기적으로 발전할 수 없다. 따라서 니토리는 어떤 경우에도 생명선이나 마찬가지인 교육비와 상품개발비를 줄이지 않는 것을 철칙으로 삼는다. 눈앞의 이익만 생각하면 성장할 수 없다. 장기적인 안목을 가져야만 회사를 키울 수 있다.

단점을 고치기보다는
장점을 키운다

니토리 매장이 10개 정도일 때에는 내 에너지를 전 직원에게 전달할 수 있었다. 하지만 이것은 매장 수가 수백 개를 넘어서면서 당연히 어려워진다. 그래서 회사는 대표의 지시가 정확하게 전달되고 수치와 관련된 상황 판단과 기술에 능한 직원을 키우는 조직으로 키워야 한다.

니토리는 직원 개개인에 대해 20년 간 커리어 프로그램을 계획한다. 그리고 '매니지먼트'나 '탤런트' 코스 중 하나를 정해서 40대까지 '전문가'로 양성한다. 꿈과 비전을 실천하려면 일본 최고의 기술부터 확보해야 한다. 따라서 40대까지 필요한 기술을 단계적으로 익혀 전문가 자격을 취득할 수 있게 하고 있다. 그리고 전문가가 된 순간부터 보수도 그에 걸맞게 올려 준다. 직원들이 가장 선호하는 부서는 상품개발부다. 이 부서가 니토리에서 가장 핵심적인 역할을 하기 때문일 것이다.

신입사원이 스스로의 적성을 정확하게 파악하기는 어렵다. 그래서 니토리에서는 직원 적성검사를 실시한다. 500문항이 넘는 질문을 통해 '상품개발', '영업(점포 운영·법인 사업)', '인사', '경리' 등 본인에게 맞는 적성을 찾아 준다. 물론 이 검사를 통해 성격상 장단점도 알 수 있다.

나는 직원들과 식사하며 직접 상담을 하기도 한다. 매일 바쁘게 일하다 보면, 회사원으로서 '내가 무엇을 향해 가고 있는지'와 '무엇을 하고 싶은지'를 뚜렷하게 정하기 쉽지 않다. 직원들에게는 "상담이 싫으면 그냥 밥이라도 먹지"라고 하지만, 대개는 기꺼이 상담에 응한다. 적성검사 파일을 참고 자료로 삼아 상담을 하다 보면, 본인의 희망과 다른 결과가 나오는 경우도 많다. 대부분은 "저도 미처 몰랐는데 이 결과가 맞는 것 같습니다" 하고 인정한다. 그리고 자신의 단점을 지나치게 의식하고 상사가 그 부분을 책망한다고 느끼고 있었다. 하지만 내 기본적인 입장은 '단점을 바로잡으려 하기보다는 장점을 키우면 된다'는 것이다.

상사가 해야 할 일은 부하의 단점을 발견하는 것이 아니다. 장점을 발견해 키워 주고, 그에 맞는 일을 맡기는 것이다. 그리고 일을 하는 동안 적성에 맞는지 안 맞는지를 확인하면서 다음에 맡길 일을 결정한다. 나는 책상 위를 정리 정돈하는 데는 약하지만, 조직이 나아갈 방향을 정하거나 20~30년 앞을 내다보는 '전략'을 세우는 일에는 강하다. 5~10년의 '경영전략'과 1년 이내의 '전술'은 간부들에게 맡긴다.

니토리는 계속 성장 중이고, 해마다 실적도 올라가고, 대우도 좋아지고 있다. 2014년부터 월급과 상여금도 올라 유통업계에서도 상당히 높은 수준이다. 예전에는 야근도 많았지만, 지금은 평균 1달에 7시간 정도로 줄었다. 또, 휴가도 늘어나 여름에는 11일, 겨울은 8일을 연달아 쉴 수 있다.

단 이런 환경에 익숙해져 버리면 도전적인 전투력을 상실해 버린다. 따라서 쾌적한 직장 환경과 헝그리 정신을 모두 유지하는 것이 중요하다.

그래서 중요한 것은 역시 교육이다. 야근을 대폭 줄이는 것도 자기 계발 시간을 주고, 경쟁사와 자사를 비교하거나 어학을 공부할 시간을 주기 위해서다. '너무 자유로우면 공부를 하지 않는다'는 말도 있지만, 우수한 직원일수록 자기 계발을 게을리하지 않는다.

독특한 평가와
'인사이동 교육'

장기 교육 프로그램과 함께 니토리만의 독특한 직원 평가 제도를 운영하고 있다. 예전부터 5점 만점을 기준으로 한 평가를 실시하고 있었는데, 75퍼센트 정도는 3점을 받는다. 이때 대부분 자신이 4점에 가까운 3점이라고 착각하며 만족하고 만다. 사실은 2점에 가까운 경우가 훨씬 많은데도 말이다. 이런 상태에서는 직원들의 종합적인 능력이 올라가지 않는다.

평가 제도를 개선해야겠다고 생각하고 처음에는 4점 만점의 평가를 검토했다. 하지만 2점 이하의 평가를 받은 사람은 의욕을 잃을 것이 분명했고, 직원 전체의 사기를 떨어뜨릴 수도 있었다. 그래서 6단계 평가로 전환하기로 했다. 그 결과 4점보다는 3점을 받는 직원이 늘어나게 되었다.

직원들은 모두 놀랐고, "4점이라고 생각했는데 3점이야? 평가 방식이 이상하네"라고 불평을 하는 사람도 있었다. 모두 중상(中上)은 받고 싶어 했다. 특히 입사한 지 얼마 안 되는 젊은 직원일수록 사기가 꺾이고 동기부여가 되지 않아 회사에 마음을 붙이지 못했다. 낮은 점수를 받고 회사를 그만두는 사람도 생겼다. 그래서 입사 5년차까지는 5단계 평가를 받고, 그 이후 직원부터 6단계 평가를 받도록 시스템을 바꾸었다.

이외에도 누구든 현장을 경험하게 하는 '인사이동 교육'도 니토리의 진면목을 보여 준다. 이것은 니토리 직원이라면 누구든, 설령 본부에 근무하는 임원이라 해도 한번은 현장 담당으로 일해야 하는 규칙이다. 요즈음은 5년 정도 지나면 세상이 확 바뀐다. 만일 현장에서 고객의 소리를 듣지 않고 사무실에만 묻혀 있으면, 현장 감각이 떨어지게 된다. 또 자신이 속한 부서의 이익만 추구하는 부서 이기주의에 빠지게 된다. 최근에는 본사 사정으로 8년이 지나도 10년이 지나도 현장으로 나가지 못하는 사람도 있지만, 대기업병을 극복하려면 빨리 현장으로 나가 교육을 받아야 한다.

현장 업무를 대강 익히게 되면, 2~3년 후엔 다른 현장으로 보낸다. 예를 들어 '매장에서 물류로' 가는 방식이다. 이때 가장 중요시하는 것은 업무가 전혀 다른 부서인가 하는 점이다. 새로운 시점에서 업무를 비평하고 자극을 주기 위해서이다. 보통 다른 회사들은 한 부서에 오래 근무하는 것을 미덕으로 여긴다. 그리고 일 잘하고 있는 사람을 다른 부서로 발령 내면 '해고에 가까운 압박'으로 받아들인다. 하지만 니토리에서는 완전히 거꾸로다. 한 부서에서 평균보다 오래 근무하면, '왜 다른 부서로 보내 주지 않는 거지?'라고 불안해한다.

넘어졌다면, 일어나라!

전문가를 키운다면서 부서 이동을 통해 교육하는 것은 모순으로 보일 것이다. 하지만 한 분야만 아는 편협한 전문가가 아니라, 폭넓은 경험을 지닌 진정한 스페셜리스트를 키우는데 이보다 효과적인 방법도 없다. 훌륭한 경영이란 모순에 적극적으로 달려들어 극복하며 경쟁력을 높이는 과정이라고 생각한다.

음주
커뮤니케이션

직원들 사이의 커뮤니케이션 이야기로 돌아가 보겠다. 니토리에서는 사내 의사소통을 활발히 하기 위해 일 년에 몇 번 전 직원이 참여하는 술자리 회식을 연다. 회사가 1인당 5,000엔을 부담하기 때문에 한 번 회식하는 데 2,000만 엔이 든다. 나도 시라이 사장도 모두 참여하여 직원들과 허심탄회하게 이야기를 나눈다. 한 번은 신규 매장을 열면서 직원들과 회식 겸 간담회 시간을 가졌다. 그 자리에 있는 직원 모두에게 이야기할 시간을 주었더니 2시간 예정이었던 행사가 4시간으로 길어졌다. 하지만 본부와 매장 간의 관계를 돈독하게 하려면 이런 시간은 꼭 필요하다. 이런 회식은 그 비용이 상당히 들지만, 일종의 교육 투자라고 생각하기 때문에 아끼지 않는다.

올해도 6월~9월 사이에는 직원들과 본부 옥상에서 바비큐 파티를 열 예정이다. 고기는 본고장 '홋카이도'에서 가져오고 누구든 마음껏 먹고 마신다. 신입사원에서 사장에 이르기까지 모두 참여하는 이 파티는 무척 인기다. 개중에는 가족을 데려와 즐기는 직원들도 있다. 모두가 어울려 일체감이 더욱 강해지는 시간이다.

사내 커뮤니케이션과 관련하여 가장 신경 쓰이는 문제는 역시 대기업병이다. 아무래도 본부에 갇혀 일하다 보면, 자신이 속한 부서의 입장에서만 일하게 되고, 현장은 의식에서 멀어진다. 그래서 본부 입장만 헤아리게 되고, 관료적이 되기 쉽다. 이런 문제점을 해결하기 위해 여러 가지 노력을 하고 있다.

니토리에서는 입사하고 6년째가 되면, 본부에서 매장으로 인사 발령을 낸다. 하지만 이것으로도 어딘지 부족하다는 생각이 들어 새로운 제도를 도입했다. 본부 직원들도 주 5일 근무를 하되 주말 이틀 동안 매장에 나가 일하도록 하는 것이다.

물론 본부 직원이 한가한 것은 아니다. 따라서 매장에 나가느라 본부 업무 시간이 부족해진다는 비판도 있다. 하지만 회사에서 가장 무서운 적은 업무 시간 부족이 아니라 타성에 젖어 사고가 정지되는 것이다. 우선 매장 근무를 하고 업무는 그 경험을 살려 추진하면 된다. 니토리 직원은 어디까지나 고객의 입장을 최우선으로 생각하며 행동해야 하기 때문이다.

사외 임원의
엄격한 지도

니토리는 5년 전 하청법 위반으로 적발된 일이 있었다. 그 일을 계기로 외부인의 비판적인 시각에서 조언해 줄 사람이 필요하다는 것을 절감했다. 물색 끝에 공정거래위원회 위원장으로 근무하고 있던 다케시마 가즈히코 씨를 사외 이사로 영입했다. 그는 직원들을 엄격하게 지도하고 있고, 매월 이사회와 평일 회의에 꼭 참석해 혜안을 빛내며 앉아 있다. 2014년 '소비세 증세' 후에도 "절대로 하청법을 어기는 상담을 해서는 안 된다"며, 모든 내용을 녹음하고 기록하도록 한 것도 다케시마 이사이다.

다케시마 이사 외에도 전 경찰청 장관인 안도 다카하루 씨 역시 니토리의 사외 이사다. 홋카이도 경영자와 관계 인사들의 모임에서 안도 이사를 처음 알게 되었다. 이야기가 잘 통했고, 꾸밈없이 솔직하게 할 말을 하는 태도가 마음에 들었다. 사외 이사로서 그 역시 엄격했고, 덕분에 이사회는 항상 긴장된 분위기에서 진행된다. 공장 진출 같은 문제에 대해서도 "미래를 위해 꼭 필요한가? 채산은 맞는가? 근거를 제시하라"라며 원리·원칙을 내세우며 접근한다.

물론 이들은 비즈니스에 밝은 경영자는 아니다. 하지만 사업의 목적이나 수치계산에 대해 엄격하게 검토한다. 고문을 맡았던 고 사카모토 요시키 씨도 마찬가지이다. 회사 대표가 창업자인 나이기 때문에 이사회는 짝짝짝 찬성의 박수를 치고 끝내기 쉽다. 하지만 무엇이든 내 생각대로만 진행되어선 곤란하다. "왜, 왜, 왜"라고 납득할 때까지 다그쳐 물어 줄 사람이 필요하다. 이것은 직원들이 하기 어려운 일이기에 사외이사가 있어야 한다. 다케시마 이사 같은 경우 물류 센터나 매장뿐만 아니라, 베트남 공장도 돌아보고 미국에서 열리는 세미나에도 참여하고 있다.

유산을 둘러싼
재판

2009년에 드디어 니토리 매장이 200개로 늘어났다. 아쓰미 선생님과 거래처 등 그동안 신세진 분들을 모아 호텔에서 기념 파티를 개최했다. 매장이 200개는 넘어야 좋은 품질을 유지하면서도 가격을 낮출 수 있다는 게 아쓰미 선생님의 지론이다. 그 말씀대로 매장 200개를 갖추게 되자 감회가 새롭고, 성취감이 느껴졌다.

"아직 딱 절반만 한 것입니다. 그러니 너무 칭찬하지 말아 주세요, 제 몫을 다하려면 매장이 500개는 되어야 합니다. 아낌없이 질타, 격려해 주세요."

아쓰미 선생님이 애정 넘치는 격려사로 파티를 빛내 주셨고, 우리 부부는 감동한 나머지 울어 버렸다.

내가 목표를 달성할 수 있었던 것은 직원들을 비롯한 주위 사람들의 도움을 받은 덕이고, 운이 8할이었다. 그런데 이 당시 내게는 개인적으로 아주 괴로운 일이 있었다. 모친과 형제들로부터 유산상속 관련 소송을 당한 것이다. 1989년 아버지는 돌아가시면서 유산분할 합의서를 작성했다. 이 서류에 따르면 지금으로서는 수백억 원 가치를 지닌 주식을 장남이자 창업자인 내가 물려받는 것으로 되어 있다. 하지만 어머니와 형제들은 "그렇게 협의한 적 없다. 서류의 인감도 아키오가 마음대로 찍은 것이다"라고 삿포로 법원에 소송을 제기했다.

재판은 정말 우울한 과정이었다. 출근하려고 차에 오르려는 순간, '찰칵, 찰칵' 카메라 셔터 소리가 요란하게 들리곤 했다. 사진 주간지 〈프라이데이(매주 금요일 발간되는 사진 주간지로, 유명인의 사생활을 몰래 촬영해 특종을 터뜨리는 경우가 많다 - 옮긴이)〉의 공격적인 기자들이었다. 알고 보니 〈프라이데이〉는 2주 동안 6페이지에 달하는 '니토리 특집'을 기획하고 있었다. 나중에 잡지에 실린 사진을 보니 인상이 굳어 험악하게 찍힌 사진만 골라서 실은 것 같았다.

막상 재판이 시작되자 그보다 더 고통스러운 일도 없었다. 변호사에게 질문을 받고 기억을 더듬어 그 대답을 떠올리는 것도 너무 힘들었다. 스트레스로 혈압이 250까지 올라갔다. 도중에 재판을 중단하고 의사를 불러 혈압강하제까지 맞아야 했다. 그 당시엔 태어나고 자란 삿포로에 가는 게 너무 싫었다. 살면서 그렇게 괴로운 적은 처음이었다.

창업 초기에는 큰 여동생이 고등학교 졸업 후 결혼하기 전까지 매장에 나와 장사를 도왔다. 어머니도 1호점에서 가게를 지키며 일을 도왔다. 사업이 커가기까지 가족의 도움이 있었던 것은 분명하다. 고도성장기였던 80~90년대에는 모두 아시아 공장을 시찰하기도 했다. 삿포로 증권거래소에 상장했을 때에도 모두 함께 감격했었다.

재판이 진행되는 동안에는 무엇을 해도 즐겁지 않았다. 괴롭다고 느낄 틈이 없게 일에만 몰두했다. 하루하루가 지옥 같았다. 차라리 니토리가 성공하기 전, 아무것도 없던 상태로 돌아가고 싶었다.

법정에서 아흔이 넘은 어머니가 나를 노려보며 "아키오, 내 얼굴과 눈을 봐라" 하고 호통을 치셨다. 휴식 시간에 동생들과 맞닥뜨리게 되자 언쟁을 하게 되었고, 곧 고성이 오가는 싸움으로 번졌다. 내 신뢰와 관계된 일이므로 그렇게 간단히 어머니나 동생들의 요구를 받아들일 수는 없었다.

내가 형제들과 나눈 대화가 녹음되어 증거자료로 제출되어 있었다. 상대 쪽에서 내놓은 것이지만, 내게 유리한 자료이기도 했다. 삿포로 지방법원 1심에서 내가 승소했고, 2심에서는 어머니와 형제들이 요구 조건을 포기하는 차원에서 화해가 이루어졌다. 하지만 그 후 나는 본가의 출입이 금지되었고, 아버지의 위패에 손도 대지 못하게 되었다. 니토리 가문은 분열되고 말았다.

상장하기 전에 아쓰미 선생님을 찾아가 주식을 어떻게 다루어야 할지 상담한 적이 있었다. 선생님은 "나중에 반드시 문제가 될 테니 주식을 공개하기 전에 새로운 회사를 만들게"라고 충고해 주셨다. 실제로 선생님의 문하생들은 대부분 그렇게 하고 있다. 하지만 고생한 형제들과 이익을 나누고 싶었기 때문에 선생님의 가르침을 따르지 않았다. 내 불찰이었다.

아쓰미 선생님이 계시지 않았더라면 내 성공도 없었다. 2015년 2분기 연결 매출고는 4,192억 엔, 경영이익은 680억 엔으로 시가 총액 1조 엔을 넘었다. 나는 일본 경제에 많은 공헌을 하신 아쓰미 선생님을 좀 더 높게 평가해 드리고 싶은 생각이 들었다. 그래서 도쿄에 있는 선생님의 유럽풍 저택을 구입해 그곳에 '아쓰미 이치 기념관'을 열기로 했다. 선생님은 자주 나를 부르셨고, 그때마다 이사들을 데려가 여러 가지 일을 의논했다. 2015년 초에는 오랜만에 찾아뵈었더니 크게 반겨 주셨다. 아쓰미 기념관에는 선생님께서 작업하시던 방을 그대로 보존하고 있다. 방 안에는 책, 자료, 좋아하시던 그림 등 선생님의 흔적을 고스란히 남겨 두었다. 체인 스토어 경영에 관심이 있거나 직접 해 보려는 사람은 누구나 이용할 수 있다.

아쓰미 선생님의 뜻을 물려받고, '일본을 풍요롭게 만들겠다'는 것은 앞으로도 변함없이 내 인생의 목표다. 그런 목표가 니토리를 키웠고, '가격 이상'의 물건을 팔도록 해 왔다. '1·3의 법칙'이란 말이 있다. 1점, 3점, 10점, 30점, 100점, 300점, 1,000점……. 이런 식으로 체인 스토어의 개수가 늘어날수록 필요한 인재의 질도 달라진다. "3배가 되었을 때 벽을 부수고 더 성장할 수 있는지 어떤지를 대충 짐작할 수 있다"라고 선생님이 말씀하셨다. 이 3배의 법칙을 내 나름대로 적용해 보았다. 예를 들어 주택 가격을 보라. 가격이 2배가 되면, 위험해지고, 3배가 되면 붕괴된다. 일본 경제의 버블이 꺼질 때도 그랬다.

실제로 이 법칙을 시험해 본 적이 있다. 2000년대에는 미국에 갈 때마다 집값이 오르고 있었다. 2배, 3배까지 부풀어 올랐다. '이거 위험한데' 하는 생각이 들어 2008년 초 니토리 재단이 보유하고 있던 외국 채권 등을 매각하기로 했다.

내 걱정대로 버블이 곧 터지지는 않았다. 하지만 '이상하네, 내가 잘못 생각했나'라는 생각이 들던 해 가을이 되자 드디어 올 것이 왔다. 리먼 쇼크로 전 세계 주식, 채권, 토지 등 대부분 자산 가격이 폭락했다. 덕분에 그 이전에 자산을 처분한 나는 40퍼센트에 이르는 이익을 보았다. 그리고 바로 불황에 대비할 수 있었다. 2009년부터 8번 연속 대대적인 가격인하 캠페인을 시행했다. 사실 불황엔 모든 자산의 가격이 떨어지기 때문에 거꾸로 자산을 늘릴 기회이기도 하다. 나는 자산과 고객 수를 늘릴 다시없는 기회가 왔다는 것을 직감했다. 이즈음은 엔고로 수입품의 가격을 더욱 싸게 책정할 수 있었다.

3배의 법칙에 따르면, 회사 규모가 3배로 커질 때쯤 경영 방식에도 전환이 필요하다. 니토리는 2022년쯤 회사 규모가 새롭게 3배가 될 것으로 보인다. 매장 수 1,000개가 목표다. 따라서 지금부터는 새로운 목표를 향한 새로운 경영 체제로 변신할 준비를 해야 한다. 앞에서도 이야기했듯이 '성장 속도'에 맞춰 운행하는 차를 바꿔야 하기 때문이다.

창업 초기에는 가구를 주로 팔았지만, 해마다 비율을 낮추어 지금은 40퍼센트로 줄였다. 그리고 커튼과 같이 직물류를 주로 파는 홈패션 사업이라는 새로운 시장에 뛰어들었다. 지금은 인터넷, 리모델링, 법인 사업, 물류, 매장 인테리어 사업 등 새로운 틀을 구상하고 있다. 그리고 해외시장에도 주목하고 있다. 대만, 미국, 중국 매장들이 1,000점이라는 목표 달성의 견인차가 될 것이기 때문이다. 공장도 마찬가지다. 처음에는 수납 가구 중심이었지만, 지금은 소파나 침대로 주요 생산 품목을 바꾸고 있다.

당면 목표는 미국 월마트처럼 인구 10만 이하의 작은 도시에도 니토리 매장이 들어서도록 해서 국내 매장 500개를 달성하는 것이다. 아쓰미 선생님이 늘 강조하셨듯이, 고객 수는 어쨌든 전년도 수준을 넘어서야 한다. 이것은 기업이 얼마나 사회에 공헌하고 있는지를 보여 주는 바로미터이기도 하다.

2032년까지 달성할 제2기 30년 계획은 매장 수를 전 세계적으로 3,000개까지 늘리는 것이다.

인생은
모험이다

안정된 국내 사업은 시라이 사장에게 맡겼다. 내가 관심을 쏟는 분야는 독사나 야생동물이 서식하는 미개척지를 갈아엎어 새로운 길을 내는 것이다. 2032년이 되면 가구와 홈패션 세계시장 규모는 중국, 유럽, 미국이 각각 32조엔 정도일 것으로 계산된다.

그때까지 미국, 중국에 각각 1,000점을 개장하고, 중남미와 아프리카에도 제조 거점을 만드는 등 전례 없는 일을 해보고 싶다. 위성으로 전 세계 차들이 어떻게 움직이고 있는지를 확인하고, 제조·물류에서 판매까지 글로벌하게 전개되는 모델을 생각하고 있다. '기업에 필요한 것은 3C(변화 Change, 도전 Challenge, 경쟁 Competition)다'라는 것이 아쓰미 선생님이 남기신 유훈이다.

인생은 모험이다. 앞으로도 나는 일을 전부로 알고 살면서 모험심을 불태울 것이다. 아내는 "판단력이 흐려지면 내가 물러나게 할 거예요"라고 말한다. 아마 손발을 묶어 퇴장시키는 수밖에 없을 것이다.

우리가 인생을 개척해 나가는 데 중요한 것은 '꿈과 비전'이다. 그리고 남자든 여자든 동시에 갖추어야 할 것은 '애교와 배짱'이다. 물론 이런 특성은 성격상 타고나는 면이 강하다. 하지만 얼마든지 노력으로 얻을 수 있는 것이기도 하다.

특히 애교는 항상 다른 사람을 즐겁게 해 주고자 하는 서비스 정신에서 나온다. 곤란한 상황일수록 리더에겐 애교와 배짱이 필요하다.

나는 항상 스스로도 즐겁게 지내려 하고, 주위 분위기도 흥겹고 활기차게 만들려고 노력한다. 아마 어린 시절 암거래 쌀을 배달할 때 어머님에게 배운 자세 때문일 것이다. 아주 어렸을 때부터 고객 앞에선 어떤 경우에도 방글방글 웃어야 했다. 고객의 마음을 불편하게 만들어선 안 되기 때문이다.

2013년에는 창립 45주년 기념 겸 300호 매장 개장 기념 파티를 열었다. 파티 프로그램 중에는 엔카 가수 호소카와 다카시 씨가 등장하는 장면도 있었다. 샤미센 연주 소리와 함께 사회자가 "이번 노래는 〈보쿄존가라(호소카와 다카시가 부른 고향을 그리워하는 노래-옮긴이)〉입니다"라고 소개했다. 엔카 가수처럼 가모노를 입은 내가 기다렸다는 듯이 무대로 나가 최대한 구성진 목소리로 두 소절 정도 불렀다. 그런데 이때 갑자기 호소카와 씨가 등장해 "당신이 뭔데 남의 노래를 부르고 있는 겁니까?"라고 항의했다.

관객들은 대표가 노래를 부르는 순서라 생각하고 있다가 진짜 가수가 등장하자 깜짝 놀라며 좋아했다. 그리고 내가 "무대에서 이 노래를 한번 꼭 불러 보고 싶었습니다. 어때요?

제가 더 낫지요?"라고 천연덕스럽게 묻자 웃음바다가 되었다. 물론 남은 뒷부분은 호소카와 씨가 내게 지지 않을 정도의 아름다운 목소리로 불러 주었다. 이처럼 나는 어디서나 우스꽝스러운 행동을 하며 남을 웃기기 좋아하는 사람이다.

지금까지 이야기를 〈니혼 게이자이〉에 연재할 때 독자들의 반응이 너무 커서 솔직히 놀랐다. 한편으로 젊은 시절 내가 저질렀던 형편없는 행동에 대한 비판이 있었던 것도 잘 알고 있다. 이 모든 것을 포함해 내 지난 반생의 이야기와 함께해 주신 독자 여러분들께 감사드릴 뿐이다.

연도	나이	사건
1944년	1세	사할린에서 태어나다.
1947년	4세	일본으로 귀국, 삿포로 귀국자 주택에서 살다.
1956년	13세	중학교에 진학.
1962년	19세	삿포로 단기대학에 입학.
1964년	21세	삿포로 단기대학 졸업. 홋카이가쿠엔 대학 경제학부 편입학.
1966년	23세	홋카이가쿠엔 대학 경제학부 졸업. 니토리 콘크리트 입사.
1967년	24세	니토리 가구 1호점 개업.
1968년	25세	아내 모모요와 결혼.
1972년	29세	자본금 300만 엔으로 주식회사 '니토리 도매 센터' 설립. 미국 시찰 세미나 참가.
1975년	32세	일본 최초로 에어돔 매장을 삿포로에 개장. 고릴라 광고 방영.

연도	나이	사건
1976년	33세	1기 대졸 신입사원 입사.
1978년	35세	페가수스 클럽에 가입. 회사 이름을 '니토리 가구'로 변경.
1979년	36세	현 니토리 사장 시라이 도시유키 등 입사.
1980년	37세	삿포로 시 데이네 구에 자동화 창고 설치.
1981년	38세	삿포로 시 이외 지역에 최초 매장 도마코마이점 개장.
1983년	40세	연매출 50억 엔 돌파. 니토리 성장에 탄력을 붙인 하코다테점 개장.
1986년	43세	해외 상품 직수입을 본격화. 사명을 '니토리'로 변경
1987년	44세	연매출 100억 엔 돌파.
1988년	45세	오비히로점 개장.
1989년	46세	싱가포르에 현지법인을 설립. 삿포로 증권거래소에 주식 상장.

연도	나이	사건
1993년	50세	혼슈 1호점 '가쓰타점'을 이바라키 현 히타치나카 시에 개업. 니토리 노동조합 결성. 센다이 시에 출점. 전단지 제작에 디지털 디자인 시스템 도입.
1997년	54세	인도네시아 공장이 본격적으로 가동. 주거래은행인 홋카이도 은행과 간사회사인 야마이치 증권 파산.
1998년	55세	미나미마치다점 개점. 매출이 급상승하면서 전국으로 지점을 확대할 기폭제가 되다. 나라 현 야마토타카다 시에 관서 1호점 개장.
2000년	57세	사이타마 현 시라오카 시로 관동 물류 센터 이동.
2002년	59세	도쿄 증권거래소에 일부 상장.
2003년	60세	100개 매장, 1,000억 엔 매출 돌파.
2004년	61세	베트남 공장 설립. '오, 가격 그 이상, 니토리'를 내세운 광고 개시.
2005년	62세	니토리 국제장학재단 설립.

연도	나이	사건
2006년	63세	도쿄 아카바네에 본부 겸 매장을 개설.
2007년	64세	해외 2호점을 대만에 개장. J리그 '콘사도레 삿포로'의 메인 스폰서가 되다. 뚝배기를 리콜하다.
2009년	66세	매장 200개 달성.
2010년	67세	지주회사 체제로 이행. '니토리 레이디스 골프 토너먼트' 개최. 연매출 3,000억 엔 돌파.
2013년	70세	매장 300개 개점 달성. 최초 미국 매장 개장.
2014년	71세	최초 중국 매장 개장.

프로의 마음가짐 50

(프로의 150훈 중 발췌한 내용임)

프로란

1 프로를 움직이는 것은 이론이 아니라 이상이고, 결코 버리지 않는
   꿈과 비전이다.

2 프로는 장애물을 인정하지 않는다. 따라서 필요한 결과를 반드시
   달성한다.

3 프로는 항상 현재에 만족하지 않고, 자기 부정과 자기 혁신을 계
   속한다. 따라서 3개월 후에도 아무런 변화가 없으면 이미 프로가
   아니다.

아마추어와 프로의 차이

4 아마추어는 이것 때문에 안 된다고 하고, 프로는 이것만 해결하
   면 된다고 한다.

5 아마추어는 놓치는 것이 많지만, 프로는 무엇이든 일과 연결시켜
   생각한다.

6 변화가 찾아오면 아마추어는 위기라 하고, 프로는 기회라 한다.

넘어졌다면, 일어나라!

프로의 신조

7 프로는 철저하게 공격적이다. 공격이 최고의 방어라는 사실을 알기 때문이다.

8. 프로는 "감사합니다"와 "미안합니다"를 솔직하게 말할 수 있는 사람이다.

프로의 마음가짐

9 일을 하는 데 필요한 것은 할 수 있는 능력이 아니라, 반드시 해내겠다는 집념이다.

10 프로는 애매모호한 표현을 사용하지 않는다. 결론부터 정곡을 찔러 이야기하고, 어려운 내용도 쉽게 설명한다.

11 아마추어는 일을 하다 '마이너스(-)' 상황에 빠지면 더욱 심각한 '마이너스(-)'로 만들어 버린다. '마이너스(-)'를 '플러스(+)'로 만들 수 있는 사람을 프로라 한다.

프로 상인

12 매출을 올리는 데 문제가 생기면, 고객이라는 원점으로 돌아가 생각해야 해결할 수 있다.

13 눈앞의 이익만 쫓으며 잔재주를 부리는 상인은 고객의 지지를 받을 수 없다. 항상 고객의 이익부터 생각해야 한다.

프로의 각오

14 변화를 두려워하지 말고 도전하는 것이 프로다. 변화를 누구보다

빨리, 먼저 이루어 내는 것이 프로 중의 프로다.

15 프로는 무슨 일이나 간단명료한 것을 좋아한다. 아마추어는 필요 이상의 것을 더하고 복잡한 것을 좋아한다.

프로가 하는 일

16 주어진 조건에서 필요한 수치를 확실히 달성하는 것이 프로다.

17 나중에 뒤처리할 필요가 없도록 일을 진행하는 사람을 프로라고 한다.

프로의 인생

18 프로의 공통점은 왕성한 향상심, 질릴 정도의 호기심, 그리고 어떤 일에도 거부반응을 일으키지 않는 유연함이다.

19 프로는 어려운 일을 피해서 다행이라고 생각하지 않는다. 어려우면 어려울수록 즐기는 특징이 있다.

20 역경은 인생 최고의 학교다. 어려운 일에 스스로 덤벼드는 도전정신이 없다면 기회도 없다.

프로의 특징

21 프로는 보통 사람이 보면 아무것도 아닌 일에 '놀라고', '의심하는' 어린아이처럼 솔직한 면이 있다. 유연성이 있기 때문이다.

22 프로는 매일 아침 신문을 잘 읽는다. 신문에는 프로가 필요로 하는 90퍼센트의 지식과 화제가 들어 있고 아이디어를 얻을 수 있는 힌트도 가득하다.

프로 중의 프로

23 20대에는 1년이면 잘할 수 있는 일을 30대에는 4~5년 걸려야 잘할 수 있게 된다. 40대에는 10~15년 걸리고, 50대부터는 아무리 노력해도 잘할 수 없는 일들이 대부분이다. 프로의 기량은 젊었을 때 얼마나 전력투구했는가에 따라 결정된다.

24 어떤 결과에도 반드시 원인이 있다. 프로는 실패한 뒤에 철저히 그 원인을 파헤쳐 고치려 한다. 하지만 아마추어는 맥이 탁 풀려 아무것도 하지 않는다.

25 프로 중 프로는 지금 하는 일이 즐거워서 견딜 수 없는 사람이다.

프로 사업가

26 목표를 설정하라. 1년의 큰 목표, 3개월의 중간 목표, 1주일의 작은 목표, 그리고 오늘의 목표를 확실히 정해 이를 향해 나아가라.

일

27 아무리 하찮아 보이는 일에도 정면에서 전력으로 달려들라. 회사에서 하는 일들은 모두 얼핏 보기에는 하찮아 보이는 일들이 쌓여서 이루어진다. 하찮아 보이는 일(사실은 아주 중요한 일)조차 만족스럽게 할 수 없다면, 그 이상의 일은 더욱 해내기 어렵다.

28 "어떻게 하면 좋을까요?"라는 질문은 신입사원이나 할 말이다. "이렇게 해 보고 싶습니다만……"이라고 말하도록 노력한다.

리더십

29 목표를 명확히 천명하라. 반복하고 또 반복해서 명확히 하라. 구성원들이 같은 방향으로 나아갈 때 최고의 팀워크가 만들어진다.

30 부하 중에 무능한 사람은 없다. 부하를 잘 다루지 못하는 무능한 상사만 있을 뿐이다.

31 발언하기 전에 우선 현장에 나가 사실을 조사하라. 현장의 상황을 정확히 알지 못하고, 의견을 말하거나, 명령하면 부하들은 응하지 않는다.

32 부하의 단점을 고치려 해도 좋아지기 어렵다. 키워 줄 장점을 발견해 과감하게 격려하며 기회를 주면 누구라도 성장한다.

33 피곤해도 기운이 넘치는 것처럼 행동하라. 슬퍼도 슬프지 않은 것처럼 행동하라. '~처럼' 행동하는 것은 곤란한 상황에서 빠져나오는 가장 좋은 방법이다.

34 아무것도 결정하지 않는 것은 잘못된 결정을 내리는 것보다 나쁘다.

일상의 마음가짐

35 아무리 괴로워도 내일에 대한 희망이 있으면 참을 수 있다. 반대로 현재 아무리 풍족해도 내일에 대한 희망이 없으면 용기는 생기지 않는다.

36 사람은 원하는 것 이상을 이룰 수 없다. 인생은 생각하는 대로 된다. 만일 그렇게 되지 않고 있다면 아직 생각이 부족하기 때문이다.

넘어졌다면, 일어나라!

생활환경

37 일정을 미리 잡아 놓고 행동하라. 그리고 끊임없이 일정을 수정하라.

자기 계발

38 글쓰기에 서툴고, 말주변도 없고, 계산은 아주 싫어한다. 게다가 행동도 느려 터졌다면 주위로부터 바보 취급을 당할 수밖에 없다. 끊임없는 자기 계발을 통해 고치려고 노력하라.

창조성 개발

39 비전은 현재 상태를 부정하기 위한 평가 척도다.

40 가장 어려운 결정은 '과감하게 버리기'다. 단호히 떨쳐 버리는 것이야말로 혁신의 첫걸음이다. 버릴 수 없다면 혁신도 없다.

숫자

41 숫자를 싫어하면 뇌의 퇴화가 빨라진다. 회사에서 한직으로 떠돌고 싶으면 숫자로부터 열심히 도망쳐라.

42 관리의 첫걸음은 우선 현장으로 나가 하나하나 세어 보며 확인하는 데서 시작한다.

43 비용을 의식하지 않는 것이 멋있게 보일 수는 있다. 하지만 허세는 모든 쓸데없는 비용 지출의 원인이다.

이야기하는 방법, 듣는 방법

44 이야기 상대가 되고 싶으면 우선 듣는 법을 배워라. 잘 들어 주는
것이 설득의 첫걸음이다.

인간관계

45 능력 있는 사람은 다른 사람의 능력에 대해 비난하지 않는다. 능
력 없는 사람만이 상관이나 부하 직원에 대해 불평불만이 많다.

46 부하 직원의 눈에 상사는 항상 하찮은 존재로 보이는 법이다. 특
히 직속 상사의 흠은 쉽게 눈에 띈다.

생애 계획

47 작은 집에 만족하며, 서둘러 집을 지으려 하지 말라. 대리 시절에
지은 집에 사장은 살 수 없다. 무리해서 집을 지으면 빚을 갚느라
정작 하고 싶은 일을 할 수 없다. 평생소원이 자기 힘으로 '토끼
장'처럼 작은 집을 짓는 것이라면 한심한 일 아닐까?

48 단점은 오히려 기뻐하고, 장점이 없다면 슬퍼하라. 단점을 고치기
보다는 장점을 키우면 발전할 수 있다.

49 20대는 실력 양성 시기. 성과는 아직 아무것도 보이지 않는다. 30
대는 전력투구 시기. 성과가 축적되지만 아직 보이지는 않는다.
40대는 격차 확대 시기. 성과가 드디어 보이기 시작한다. 50대는
노력 결실 시기. 성과를 확실히 인정받게 된다.

넘어졌다면, 일어나라!

셀프 컨트롤

50 '공격형' 인간은 나이를 먹지 않지만, '수비형' 인간은 점점 늙어
간다.

넘어졌다면, 일어나라!

초판1쇄 인쇄　2016년 7월 4일
초판1쇄 발행　2016년 7월 14일

지은이　니토리 아키오
옮긴이　유윤한

발행인　이정식
편집인　이창훈
편집장　신수경
편집　이현정 김혜연
디자인　디자인 봄에 ｜ 신인수
마케팅　안영배 경주현
제작　주진만

발행처　(주)서울문화사
등록일　1988년 12월 16일 ｜ 등록번호 제2-484호
주소　서울시 용산구 새창로 221-19 (우)140-737
편집문의　02-799-9361
구입문의　02-791-0762
팩시밀리　02-749-4079
이메일　book@seoulmedia.co.kr
블로그　smgbooks.blog.me
페이스북　www.facebook.com/smgbooks/

ISBN 978-89-263-9691-9 (03320)

- 책값은 뒤표지에 있습니다.
- 잘못된 책은 구입처에서 교환해 드립니다.